Arnolds Buch über das Lesebuch der siebziger Jahre, entstanden aufgrund eines zwölfteiligen Funkkollegs im Deutschlandfunk, versteht sich als Streitschrift für die Einführung neuer Formen der Literaturvermittlung und eines erweiterten Literaturbegriffs an den Schulen, versteht sich damit auch als Streitschrift für einen neuen Deutschunterricht und für eine neue Schule. Arnold läßt es nicht bei der detaillierten Kritik an den gängigen Lesebüchern aller Schultypen und -klassen bewenden, sondern versucht im zweiten Teil seines Buches Ansätze von prospektiven Entwürfen für neue Lesewerke bzw. Lesebuchformen zu entwickeln, die wiederum ausgehen von Veränderungen im Schulsystem. Das Lesebuch als Loseblattsammlung – das von Schülern selbst zusammengestellte Lesebuch: solche Möglichkeiten sind in diesem Buch als durchaus realisierbare Ziele dargestellt.

Arnold geht von der bisher geführten Lesebuchdiskussion aus und hat deren Erkenntnisse aufgenommen bzw. kritisch verarbeitet. Seine Grundthese ist ideologiekritisch und darauf gerichtet, jede Art von Indoktrinierung der Schüler durch die Schule zu verhindern. Er plädiert für einen Deutschunterricht, der auf die Weckung von geistiger Mobilität, von Phantasie und Intuition im Schüler aus ist, der jede ideologische Indoktrination durch Kritikfähigkeit und freie Selbstentscheidung weitgehend abbaut.

Ein Buch, das zwar von wissenschaftlicher Kenntnis getragen ist, aber abseits vom Wissenschaftsjargon geschrieben wurde; eine Streitschrift, die nicht bei der zuweilen notwendigen Polemik stehenbleibt, sondern eigene Entwürfe anbietet. Ein Buch für Lehrer, aber auch für die Schüler, um die es vor allem anderen geht; und auch ein Buch für die Eltern, die sich auf anregende Weise einführen lassen wollen in eines der wichtigsten Probleme ihrer Kinder: eine Schule der Zukunft und eine Erziehung zu Kritikfähigkeit und Mündigkeit.

Heinz Ludwig Arnold

Das Lesebuch der 70er Jahre

Kritik und Neuentwurf

Kiepenheuer & Witsch

pocket 45
© 1973 by Verlag Kiepenheuer & Witsch Köln
Gesamtherstellung Butzon & Bercker Kevelaer
Umschlag Hannes Jähn Köln
Printed in Germany 1973
ISBN 3 462 00917 6

Inhalt

1. Die Diskussion um die deutschen Lesebücher 7
2. Die Richtlinien der Bundesländer 17
3. Lesen lernen – eine Anpassungsübung? 26
4. Heile Welt mit Aufstiegschancen? 35
5. Was erfahren Haupt- und Realschüler über ihre künftige Berufssituation? 44
6. Der Literaturbegriff in den Texten für die Oberstufe .. 53
7. Didaktische Überlegungen zu einer künftigen Lesebuchpraxis 62
8. Kritisches Lesen lernen 69
9. Realisierung der Chancengleichheit 77
10. Orientierung in Gesellschaft und Beruf 89
11. Kritische Selbstverwirklichung 98
12. Deutschunterricht als Gesellschaftsunterricht? 107

Vorbemerkung

Das vorliegende Buch ist die revidierte und zum Teil überarbeitete Fassung eines zwölfteiligen Rundfunkkollegs, das der Deutschlandfunk im Frühjahr 1972 gesendet hat. Die Kapiteleinteilung folgt der Gliederung des Kollegs.
Verzichtet wurde auf eine nachträgliche Einrichtung des Manuskripts nach akademischen Prinzipien: dies war und ist keine im strengen Sinne wissenschaftliche Arbeit, sondern soll sein eine allgemeine und breiteren Schichten zugängliche Konfrontation mit einem der wichtigsten Probleme in der gegenwärtigen Bildungskrise.

H. L. A.

1. Die Diskussion um die deutschen Lesebücher

Die Diskussion um die deutschen Lesebücher ist so alt wie die Lesebücher, die nach dem Zusammenbruch des Deutschen Reiches 1945 nach und nach wieder auf den Markt kamen. Vorerst, bei der Entwicklung dieser Lesebücher, mehr oder weniger intern geführt, verlagerte sie sich schließlich nach außen. Dort gab den ersten kritischen Anstoß 1953 der französische Germanist Robert Minder mit seinem Aufsatz »Soziologie der deutschen und französischen Lesebücher«. Dieser Impuls wurde erst drei Jahre danach von dem deutschen Germanisten Walther Killy wieder aufgenommen; ohne große praktische Wirkung allerdings wurde die Debatte nun zum Teil in Feuilletons und Rundfunkanstalten, aber auch schon in den Universitäten geführt. Bis schließlich – erst in der Mitte der sechziger Jahre – Didaktiker des Deutschunterrichts und Lesebuchmacher ebenfalls mit Aufsätzen und Lesebuchentwürfen an eine immer diskussionsfreudigere Öffentlichkeit traten, dauerte es also noch etwa zehn Jahre. An den Lesebüchern hatte sich bis dahin nichts Grundlegendes geändert. Und auch heute noch wartet man gespannt, wie neue Anstöße und Überlegungen, die sich theoretisch allerdings gut ausführen lassen, denn auch praktisch verwirklicht werden.

Den Idealtypus des deutschen Lesebuchs gibt es nicht. Es gibt eine ganze Reihe von Vorschlägen, die so verschieden sind wie die verschiedenen Auffassungen zu einer Didaktik des Deutschunterrichts, und die sind so verschieden und zum Teil unversöhnlich einander entgegengesetzt, wie es die ideologischen Implikationen und Prämissen der verschiedenen Lesebuchmacher und Deutschdidaktiker sind. Das sagt sich hier einfach – für die Praxis hatten, wie zu zeigen sein wird, pragmatische Unsicherheit und theoretische Vieldeutigkeit heillose Folgen, die noch anhalten und die an allererster Stelle nicht die Lehrer, sondern die auszubildenden Schüler zu ertragen haben. Und über die Schüler wiederum multipliziert sich

diese Ausbildungsproblematik zu einem Bildungsproblem ersten Ranges, das auf das Selbstverständnis dieser Gesellschaft und auf ihre demokratische Form einen entscheidenden Einfluß hat.
Man muß heute, wenn man über Didaktik des Deutschunterrichts berichtet und die Diskussion um die Lesebücher mit ihrer Analyse fortsetzt, leider von einer Schulsituation ausgehen, die speziell im Deutschunterricht in verschiedenster Hinsicht unbefriedigend ist: zum einen ist, und dies schon seit geraumer Zeit, die Selbstverständlichkeit der bildungsbürgerlichen Austauschfunktion, die der Deutschunterricht und die Literaturerziehung an Schulen in einer intakten bürgerlichen Gesellschaft hatten, verlorengegangen, ohne daß sie von einer neuen Selbstverständlichkeit oder gar von einem neuen Selbstverständnis, das sich an einer demokratischen Gesellschaft orientiert hat, ersetzt worden wäre. Der Meinungs- und Gesinnungspluralismus der Lehrerschaft ist von einer Breite, die von der rechten bis zur linken Indoktrination reicht, wobei die restaurative Fraktion weitaus in der Überzahl ist. Zum anderen haben es diese Lehrer mit Schülern zu tun, denen von selbst oft jede Motivation, lernender und nach Selbstverständnis suchender Schüler zu sein, fehlt. Und in diesem Spannungsverhältnis zwischen Lehrern und Schülern reiben sich jene Lehrkräfte auf, die sich um die Motivationen für die Schüler bemühen, ohne indoktrinieren zu wollen.
Insgesamt leidet der Deutschunterricht daran, daß er, auf eine kurze Formel gebracht, die Krise der Ablösung des Bildungsbürgertums noch nicht überwunden hat. Zeugnis davon legen die deutschen Lesebücher ab, in denen zum Teil der Literaturbegriff des Bildungsbürgertums ungebrochen transportiert wird oder die nur halbherzig auf einen halbwegs modernen Stand der Texte gebracht wurden, ohne daß parallel dazu eine der neu entstehenden Gesellschaft entsprechende oder kritisch auf sie reagierende literarisch-pädagogische Didaktik entwickelt wurde.
Robert Minder hatte 1953 über die deutschen Lesebücher kurz und bündig geurteilt: »Das deutsche Lesebuch lebt neben der Zeit ... Alte Nester, schiefe Dächer: der gärende, drängende Aufbruch endet in einem Stilleben von Riesenausmaß. Ein Morgenthau-Plan der Literatur, von deutschen Literaten selbst durchgeführt.«

Und was Walther Killy zu einem einzelnen Lesebuch einige Jahre später anführte, galt damals durchaus auch noch für den größten Teil der an den Schulen gängigen Lesewerke: »innere Unwahrhaftigkeit, die Verflachung und Sentimentalisierung der ernstesten Dinge« ist ein Grundzug des deutschen Lesebuchs. Aber noch Killy ging, hinter Minder zurücktretend, auf die notwendige *Bildung* ein, wenn er meinte: »Es fehlt alles, was echte intellektuelle Anforderungen stellt, ohne die es keine Bildung geben kann.«

Nur müßte man eben über den neuen *Bildungs*begriff einig werden, und das ist in einer pluralistisch strukturierten demokratischen Gesellschaft so gut wie ausgeschlossen. So daß es nicht Wunder nimmt, sondern eher als Bestätigung dieser gewollten gesellschaftlichen Praxis anmutet, wenn in der Lesebuch- und Didaktikdiskussion dieser letzten Jahre es nicht mehr darum geht, den Schülern einen prästabilisierten, wie auch immer gearteten Bildungsbegriff oktroyierend zu vermitteln, sondern in ihnen die Kritikfähigkeit zu entwickeln, die sich auch gegen Argumente des Lehrers, ja selbst gegen die gesamte Institution Schule zu wenden vermag und also gleichsam paradigmatisch Teilnahme an gesellschaftlichem Leben praktiziert. Ich sagte bereits, daß sich über die Lesebuchdiskussion nicht berichten läßt, ohne daß man erhellend die Didaktik des Literaturunterrichts einbezieht. In beidem lassen sich, wenn man von Detailunterschieden absieht, die Gruppen der Diskutanten in drei Kategorien einteilen.

Gruppe 1 nennt die restaurative, konservative bis reaktionäre Fraktion der Deutschlehrer, die – obgleich sie modernistische Anpassungsstrategien nicht vermeidet – in etwa um die Literaturdidaktik Robert Ulshöfers anzusiedeln ist. Ihr Prinzip wird am sichtbarsten an einem Zitat aus Richard Bochingers 1962 in zweiter Auflage bei Klett erschienenem Buch »Der dialektische Besinnungsaufsatz«, in dem es, sich auf Ulshöfer beziehend, heißt:

»Endlich ermöglicht der dialektische Besinnungsaufsatz die von R. Ulshöfer und anderen immer wieder geforderte innere Totalität der Bildung im ›Aufbau eines einheitlichen Sinngefüges im Schüler‹. Wenn der Lehrer hier mit behutsamer und sorgsam planender Hand ans Werk geht, kann er mit einer Klasse in zwei oder drei Oberstufenjahren ein solches ›Sinngefüge‹ allmählich sogar in der Weise erarbeiten, daß die Schüler selbst die Bausteine dazu schaffen und zusammentragen. Hier wird deutlich, warum die Frage der Inhaltskategorien ein Problem der Stoffwahl ist, denn die Lenkung, die der Lehrer beim Aufbau eines solchen Sinngefüges gibt, gibt er durch die Wahl des Gegenstandes. Es handelt sich übrigens um eine Lenkung, von der der Schüler so wenig eine Ahnung zu haben braucht wie von der Tatsache, daß sein Deutschlehrer ein einheitliches und in sich geschlossenes Sinngefüge von Lebenswerten in ihm aufbaut. Je mehr in der Stille die Sache sich vollzieht, desto mehr Aussicht auf bleibenden Erfolg hat sie.«

Das dieser Didaktik unmittelbar angeschlossene Lesebuch bedarf keiner Charakterisierung mehr: es ist das Lesebuch des programmierten Bildungsbürgers, der ständig nur zur Reproduktion für ewig gehaltener ›Lebenswerte‹ erzogen, nie zum Durchbrechen dieses Erziehungsleitbildes ermuntert wird. Es ist das Lesebuch, das noch weithin die Lektürengrundlage des Deutschunterrichts darstellt. Dies Lesebuch tradiert einen an klassischer und klassizistischer Ästhetik orientierten Literaturkanon und ist ausgerichtet auf eine Didaktik, die – an Dilthey geschult – »Begegnung mit dem dichterischen Sprachwerk« zu »Erlebnis« und »Ereignis«, ja zur inneren ›Feier‹ werden lassen will, d. h., der Schüler soll in einen Text »hineinhorchen«, sich in Kunst »versenken« und einfühlend Stimmung in sich erzeugen: der Irrationalismus deckt den Schleier des Gefühls über den auszubildenden Verstand. Literatur wird nicht in ihrer historischen Relativierung, an ihrem historischen Ort erläuternd aufgesucht, sondern es soll im Gegenteil nachgewiesen werden – so nun Ulshöfer –, »daß wahre Dichtung unhistorisch ist«.

Während Ulshöfer seine so geartete Literaturdidaktik im Grundsätzlichen nicht verändert, sondern allenfalls in den letzten Jahren modernistisch ausgeputzt hat, geht die Lesebuchdiskussion bei der zweiten Gruppe, bei Hermann Helmers und der dem Lesebuchtyp Helmers' zuzuordnenden Literaturdidaktik Erika Essens von anderen, wenn man das so verkürzt sagen kann: nüchterneren

Grundhaltungen gegenüber den literarischen Texten aus. Ideologisch gesättigte Vokabeln wie »Dichtungserlebnis« bzw. »Dichtungsereignis« weichen jenen programmatischen Wörtern wie »Sprachbetrachtung« bzw. »Sprachbeschreibung«. Helmers geht von diesen Voraussetzungen aus, wenn er für seine Lesebuchkonzeption der folgenden Erkenntnis Leitfunktion zubilligt: »Die eigentliche Struktur von Dichtung liegt in keinem Fall allein in ihrer möglichen Aussage zur Welt, sondern in der ästhetischen Seinsweise des sprachlichen Kunstwerks.«

Damit aber wird für den Deutschunterricht jede inhaltliche, an den Formen immerhin noch orientierte Diskussion von Literatur abgeschnitten und in die Sprache, d. h. allein die Formdiskussion verlagert. So kann Helmers denn auch konstatieren: »Moderne Dichtung spiegelt die in der Diskussion geforderte gesellschaftliche Realität wider, moderne Dichtung läßt keinen Bereich der Realität, etwa die Technik, aus. Damit verschwindet die unheilvolle Diskrepanz zwischen Bildung und Sein.«

Kurz zuvor hatte Helmers allerdings geschrieben: »Für die Lesebuchdiskussion lieferten die didaktischen Untersuchungen ein wichtiges Argument: Es genügt nicht, im Lesebuch einen Teil der gegenwartsfernen Texte durch zeitbezogene Texte zu ersetzen. Wichtiger als die Forderung nach Ausgewogenheit der literarischen Inhalte ist die Forderung, den Schüler auf allen Bildungsstufen mit den literarischen Strukturen vertraut zu machen und ihm dadurch den Zugang zur Literatur (im engeren Sinn: zur Dichtung) zu ermöglichen.« Denn: »Nur für denjenigen, dem sich Dichtung erschlossen hat, können poetische Aussagen zur ›Lebenshilfe‹ werden.«

Damit markiert Helmers, der inzwischen neben Ulshöfer zu den einflußreichsten Lesebuchdidaktikern gehört, zum einen den in der zweiten Hälfte der sechziger Jahre bitter notwendig gewordenen Zeitpunkt einer Revision der Textauswahl der alten Lesebücher; zum anderen aber stellt sich dieser Schritt nur als halbherziger Fortschritt heraus, da Helmers und andere, die ihm folgten, es bei der Textrevision beließen und keineswegs eine ebenfalls notwendig gewordene Umorientierung des Deutschunterrichts begründeten.

Vielmehr hält die Helmerssche Konzeption – und mit ihr übereinstimmend die Didaktik Erika Essens – »vom Lesebuch als literarischem Arbeitsbuch« an jenen wichtigen Teilen der alten bildungsbürgerlichen Unterrichtsidee fest, denen Literatur bzw. Dichtung ein klassenkonstituierendes Element war. D. h. einerseits, daß über die reine Sprachbetrachtung – bei Ausschaltung aller inhaltlichen Diskussionen, und das hieße: grundsätzlichen Infragestellens – die Integration des Schülers in die ›Sprachordnung‹ der Gesellschaft, was meint: in die Gesellschaft nahezu lautlos vollzogen werden kann; es bedeutet aber andererseits auch, daß, wie Wendula Dahle es in dem bei Metzler erschienen Band »Bestandsaufnahme Deutschunterricht« ausdrückt, »durch die Perpetuierung eines schichtenspezifischen Sprachbewußtseins die Auslesebarrieren gegenüber sozial unterprivilegierten Kindern (verstärkt)« werden. Denn: »Der sprachbetrachtende Deutschunterricht verhindert ... geradezu den Ausgleich sprachlich bedingter Chancenungleichheit, da er von der Voraussetzung ausgeht, daß im Kinde ›ursprünglich lebende Sprachkräfte‹ vorhanden seien, die nur aktiviert zu werden brauchten.«
Wirklichkeit, das demonstriert Helmers' Lesebuchkonzeption, wird nur als Sprachwirklichkeit empfunden, Realität wird ästhetisiert und formalisiert, indem sie in das »dichterische Wort« verlegt wird. Der schlichte und leicht zu enthüllende Trick dieser Konzeption und der damit übereinstimmenden Didaktik ist die Übernahme moderner und zeitgenössischer literarischer Texte, da ja durch sie bereits ›gesellschaftliche Realität‹ repräsentiert werde. Doch damit ist keineswegs, wie Helmers postuliert, »die unheilvolle Diskrepanz zwischen Bildung und Sein« aufgehoben. Sie ist vielmehr stärker präsent als in den explizit restaurativen didaktischen Entwürfen, die in der vermittelten Dichtung ein nicht mehr vorhandenes gesellschaftliches Sein zurückzuholen beabsichtigen. Der Rückzug auf die reine Sprachbetrachtung mag diesen konservativen Entwürfen gegenüber als ein Schritt aus dem Bildungsbürgertum heraus erscheinen; faktisch prolongiert sie den traditionellen Deutschunterricht, weil auch sie, so wiederum Wendula Dahle, »die Abhängigkeit der Entwicklung sprachlicher Fähigkeiten von sozialen Fakten nicht

berücksichtigt«, und, müßte man fortfahren, weil die Sprachbetrachtung, diese didaktische Tochter der ›werkimmanenten Interpretation‹, das gesellschaftliche *Sein* von der literarischen *Bildung* abschneidet, um mit seinen Worten Hermann Helmers zu widersprechen. Denn da nur der vorgelegte Text in seiner Form und seiner Struktur problematisiert wird, Diskussion also auch nur formalisierend und ästhetisierend stattfindet, wird der Schüler konsequent in die vom Lehrer vertretenen und vom Text realisierten, also präfabrizierten Bahnen ästhetischer, formaler Kategorien gelenkt: Schülerfragen werden also formalisiert und damit neutralisiert; der vorgegebene Text selbst wird nicht in Frage, schon gar nicht in Zweifel gezogen, Inhalte werden nicht diskutiert; und so wird jedes aufkommende Schülerinteresse gleichzeitig kanalisiert. Kritisches Fragen, zu dem der Deutschunterricht als Institution, die Literatur als Material und die ausgebildete Sprache als Medium erziehen sollte, wird auf diese Weise stillschweigend unterbunden.

Solcher Lesebuchpraktik widersprach bereits 1966 Anton J. Gail in seinem Aufsatz »Das Lesebuch – ein ›Informatorium‹ der Wirklichkeit?«, wenn er forderte, »didaktische Absicht (dürfe) auch nicht Tarnung für dezidierte Meinungslenkung sein«. Allerdings blieb seine Kritik die einzige, die in dem von Helmers herausgegebenen Band *Die Diskussion um das deutsche Lesebuch* (1969) stehen durfte; weit fortschrittlichere Beiträge, die bereits einige Jahre zuvor in der Berliner Zeitschrift *alternative* (Nr. 45) erschienen waren, wurden von Helmers nicht beachtet. Immerhin stellt Gails Beitrag eine Station auf dem Wege zu der dritten Gruppe der Lesebuchdiskutanten dar, die sich in der eben genannten Zeitschrift *alternative* und inzwischen um Heinz Idee und das sog. »Bremer Kollektiv« in der bei Diesterweg erscheinenden Zeitschrift *Diskussion Deutsch* versammelt haben. Gails Forderung lautet: »Muttersprachliche Bildung kann ... nicht primär auf literarische Bildung zielen, sondern auf Kommunikationsfähigkeit« – woraus er folgert:

»Um so mehr hat der muttersprachliche Unterricht in unseren Schulen die Aufgabe, jene Sprachentfaltung zu bewirken, die den heranwachsenden Menschen fähig macht, sprechend, lesend und schrei-

bend seine Welt zu erfassen und zu ihrer Gestaltung seine mitmenschlichen Energien freizulegen. Das heißt aber nun, daß der Deutschunterricht sich weder in dem alten Sinne primär als deutschkundlich noch auch in dem moderneren Sinne nur als Begegnung mit dem Wortkunstwerk verstehen darf. Vielmehr hat er sich bis in die Oberstufe der höheren Schule primär als Entfaltung der Weltoffenheit im weitesten Sinne auszulegen. Nur aus diesem Selbstverständnis aber kann das Lesebuch dann auch die Form gewinnen, deren es bedarf, um in einer legitimen Weise Begegnung mit der Sozial- und Arbeitswelt zu bewirken. Erst dann rechtfertigt es den Anspruch, ein ›Informatorium‹ zu sein, das Wirklichkeit vermittelt.«
Die eben bezeichnete dritte Gruppe, die inzwischen in der Lesebuchdiskussion einen festen Platz eingenommen hat, versteht das Lesebuch und den Deutschunterricht nicht mehr als literarische und sprachliche, sondern als gesellschaftliche Institution. Und sie problematisiert nicht nur den Inhalt des Lesebuchs, sondern auch das Lesebuch als Institution, weil sie darin die Funktion einer Prästabilisierung traditioneller ›Werte‹ sieht, die dazu verführen, sie auf dem Wege über ihre Verinnerlichung unbefragt zu reproduzieren, und somit jede Motivation zum selbständigen Fragen des Schülers erschweren, wenn nicht gar verhindern. Denn selbst das *literarische Arbeitsbuch* von Helmers folgt dieser Funktion. In der Sache wohl richtig, in der Formulierung aber arg strapaziert, charakterisiert Hans Georg Gutheil in dem von Peter Braun Ende 1971 bei Bertelsmann erschienenen Band »Neue Lesebücher – Analyse und Kritik« die modernistischen Lesebuchkritiker so: »Die Lesebuchkritik, die lediglich eine Modernisierung der Lesebuchtexte fordert und somit erkennen läßt, daß sie in politischer Abstinenz ihren gesellschaftlichen Stellenwert nicht erkannt hat, wird integriert in die bildungsökonomische Planung im Spätkapitalismus, wird zum Erfüllungsgehilfen.«
Schon in der Zeitschrift *alternative* war eine ähnliche Erkenntnis ausgesprochen und war kritisiert worden, daß in allen damals vorliegenden Lesebüchern Literatur ohne jede gesellschaftliche, politi-

sche und historische Beziehung und Relativierung präsentiert würde. Peter Glotz und Wolfgang Langenbucher haben diesen Vorwurf in ihrem Lesebuchmodell *Versäumte Lektionen* aufgegriffen und darin, ohne allerdings ein konsequentes literaturdidaktisches Konzept zu entwickeln, Texte versammelt, die den gängigen Lesebüchern fehlten, und sie jeweils knapp – und für den Unterricht vermutlich nicht ausreichend – mit biographischen, vor allem aber historisch erläuternden und relativierenden Hinweisen versehen.

Was bei Glotz und Langenbucher praktischer Versuch ohne konsequente theoretische, also didaktische Fundamentierung war, arbeiten die Lesebuch- und Deutschunterrichtdidaktiker um Heinz Ide und im »Bremer Kollektiv« seit einiger Zeit theoretisch auf. Die erste *Bestandsaufnahme Deutsch* legten sie 1970 vor, in der Zeitschrift *Diskussion Deutsch* werden neben der fortgeführten theoretischen Diskussion auch praktische Unterrichtsmodelle erprobt. Hinsichtlich der Lektüren des Deutschunterrichts nimmt Heinz Ide in seinem Aufsatz »Die Schullektüre und die Herrschenden« die Impulse von *alternative* und von Glotz/Langenbucher auf und führt sie fort, wenn er schreibt: »Ein kritischer Literaturunterricht geht davon aus, daß ein literarisches Werk nicht an und für sich, sondern in bestimmter Zeit zu bestimmten Zeitgenossen spricht und bestimmte gesellschaftliche Zustände und Kämpfe widerspiegelt, daß es, in andere Verhältnisse transponiert, notwendig immer anders verstanden wird, vor allem aber ganz veränderte Funktionen erfüllen kann, gegebenenfalls solche, die seinen ursprünglichen Intentionen direkt zuwiderlaufen.«

Dem aber müssen die Lesebücher entsprechen – und das heißt, daß möglicherweise das geschlossene Lesebuch, das einen scheinbaren Zusammenhang zu überliefernder Bildungsgüter propagiert, abgelöst werden muß von anderen Formen der Lektüre, die mehr und mehr den Charakter unmanipulierter, Motivationen und damit kritisches Denken freisetzender, durchsichtiger und variabler Materialsammlungen annehmen könnten. Die Lenkung des Schülers in ideologisch fixierte Bahnen – sei es durch einen als Gesinnungsfach verstandenen Deutschunterricht konservativer Prägung oder durch einen soziologisch abstinenten, modernistisch ausgerichteten Sprachunterricht – soll, so die am weitesten fortgeschrittene Position innerhalb der Diskussion um das deutsche Lesebuch und den Deutschunterricht, ersetzt werden durch Bewußtmachung und Erziehung der Schüler zur Kritikfähigkeit, und das heißt selbst zur Kritik an der Institution, die ihm solches vermitteln möchte. Denn, so faßt Heinz Ide sein didaktisches Credo zusammen: »Ein solcher Literaturunterricht soll nicht mehr integrieren, sondern emanzipatorische Funktion haben, er soll nicht der inneren Bereicherung der Individualität dienen, sondern den Lernenden zu rationaler Einsicht in den gesellschaftlichen Werdegang führen, damit er als Erkennender und Denkender fähig wird, kritisch die eigene Gegenwart zu messen und die in ihr angelegten Möglichkeiten der Zukunft zu begreifen, an der er mitwirken soll.«

Vor dem Hintergrund dieser drei Positionen wird zu zeigen sein, wie die deutschen Lesebücher der siebziger Jahre tatsächlich beschaffen sind und welche Funktion sie in dieser Gesellschaft haben; sind sie, um zum Schluß die Frage Ides aufzugreifen, »für oder gegen eine kritische Schule, für oder gegen Aufklärung und emanzipatorischen Unterricht, für oder gegen eingreifendes Denken«?

2. Die Richtlinien der Bundesländer

In einem Buch über die Lesebücher der siebziger Jahre muß notwendig auch von den Richtlinien oder Rahmenplänen der Bundesländer für das Fach Deutsch die Rede sein; in diesem Falle geschieht es vor allem um zu demonstrieren, in welchem staatlich verordneten Boden die vorhandenen Lesebücher ihre kanonistisch und klassizistisch versteinten Wurzeln schlagen konnten. Demzufolge wurden nicht die Richtlinien fürs Sprechenlernen oder für die reine Sprachbetrachtung befragt, sondern jene, die unter Begriffen wie »Lesen lernen«, »Schrifttumsbetrachtung« oder »Literaturbetrachtung« festgeschrieben sind. Um die Behandlung von Literatur geht es also und deren zum Teil detaillierte Empfehlung, wie sie in den Lesebüchern, richtliniengetreu und nach dem Zuschnitt einer herkömmlichen Didaktik, realisiert wurde. Die Richtlinien fungieren also durchaus lesebuchbildend – kein Wunder; denn die Schulbuchverlage, die sich am intensivsten dem Nachvollzug der Richtlinienempfehlungen ergaben, konnten auch am ehesten mit der Genehmigung ihrer Lesebücher durch die Kultusministerien und d. h. mit einem guten Geschäft rechnen.

So wie es in der Lesebuchdiskussion drei Etappen der Entwicklung gibt, die aber zum Teil noch nebeneinander bestehen, so gibt es auch in den nach 1945 entwickelten Richtlinien für den Deutschunterricht drei Etappen, deren letzte sich allerdings erst im Aufbruch befindet.

Die erste Etappe ist weitgehend überwunden und findet allenfalls noch in den Richtlinien von Baden-Württemberg einen schwachen Nachläufer. Bei den Deutschlehrern selbst wurde die Ulshöfer-Konzeption allenthalben heftig kritisiert; und die Richtlinienformulierungen dieser Periode kursierten oft nur als lächerliche Stilblüten. Typisch für den Deutschunterricht dieser Ausrichtung war eine Sakralisierung der deutschen Sprache und ihrer Literatur; jede intellektualistische Analyse, vor allem von Gedichten, wurde ver-

worfen. In solcher Sakralisierung rettete sich ein Stück faschistoider Mystifizierung von Volk und Vaterland in die literarische Erziehung unserer Tage. Klingt es nicht wie eine Parodie, was heute noch im Lehrplan für Deutschunterricht an den Gymnasien in Baden-Württemberg zu lesen ist: »Die Erziehung zum Lesen vermittelt Wertmaßstäbe für Gehalt und Gestalt des Schrifttums und befähigt den jungen Menschen, aus der deutschen geistigen Überlieferung, vor allem aus der großen deutschen Dichtung, Führung und Geleit zu gewinnen. – Die Sprachlehre erläutert die mannigfachen Sprachformen und ihre Bedeutung als geistweckende, ordnende Macht. – Diese Aufgaben ergänzen und durchdringen sich. Der Deutschunterricht spricht Denken, Fühlen und Wollen an. Er dient einer umfassenden Menschenbildung und der Erziehung zur Gemeinschaft. Er führt zur Ehrfurcht vor dem Leben, vor den großen geistigen und künstlerischen Schöpfungen, zur Liebe zur deutschen Heimat und zum deutschen Volk, und er hält die abendländische Überlieferung wach.«
Und solche Sätze gelten nach wie vor. Weniger denn je kann man sich heute vorstellen, wie derlei im praktischen Unterricht umzusetzen sei. So daß man getrost sein darf, in den zitierten Sätzen das zu sehen, was sie sind: nichts Gefährdendes, sondern Leerformeln, die nur solche Deutschlehrer ansprechen, die Deutsch immer noch als Gesinnungsfach verwerten und denen heute noch praktikabel erscheinen mag, was in Baden-Württemberg unter dem Motto »Feierstunde« dem Deutschunterricht auferlegt ist: »Schlichte Feierstunden innerhalb des Deutschunterrichts sollten zu einem Schulbrauch werden. Die Vorbereitung darf nicht viel Zeit in Anspruch nehmen. Anlässe bieten etwa der 1. Mai, der Muttertag, das Erntedankfest, Totensonntag, ein Dichtergedenktag.«
Richtlinien dieser Provenienz haben allgemein kaum überlebt, und selbstverständlich sitzt man zur Zeit auch in Baden-Württemberg wie in allen Bundesländern daran, neue Rahmenpläne zu entwerfen. Sie beziehen sich nicht mehr auf die alte Dreiklassenschule, sondern passen sich dem neuen Struktursystem an, das von der Bildungskommission des Deutschen Bildungsrates erarbeitet worden

ist. Hessen ist mit seinen Vorbereitungen und mit ersten, bereits 1969 vorgelegten Entwürfen am weitesten vorangekommen.
Nachdem sich die Lehrpläne und Richtlinien des eben für Baden-Württemberg charakterisierten Genres als unbrauchbar erwiesen hatten, entstanden in einigen Bundesländern bis zur Mitte der sechziger Jahre neue Richtlinien. Sie waren zwar weithin frei von Lächerlichkeiten aus dem Geist eines überholten Denkens, verzichteten aber in keiner Weise auf die Kanonisierung der zu lesenden und zu bearbeitenden Literatur. Praktisch übernahmen sie den überlieferten literarischen Bestand. Vor allem änderten sie ihr didaktisches Selbstverständnis nicht – ein bißchen mehr Böll, Benn, Bachmann oder Celan konnten unter den alten und von überkommener Didaktik vermittelten Methoden ebenso gesellschaftsfern behandelt werden wie etwa Binding, Wilhelm Schäfer oder Carossa.
Diese zweite Etappe, in der man nach den Thesen des Lesebuchdidaktikers Helmers die alte durch neue Literatur ersetzte, erwies sich eher als eine Phase der Ornamentierung denn als eine der didaktischen Neubesinnung. Deutschunterricht als Gesinnungsfach, mit der Aufgabe, ein Wertbewußtsein zu entwickeln und weiterzugeben, konnte auch mit moderner Literatur betrieben werden. Und man hatte, so glaubten jedenfalls Helmers und andere, auch gleich den Bezug zur Gesellschaft hergestellt: »Moderne Dichtung spiegelt die in der Diskussion geforderte gesellschaftliche Realität wider; moderne Dichtung läßt keinen Bereich der Realität, etwa die Technik, aus. Damit verschwindet die unheilvolle Distanz zwischen Bildung und Sein.« Was natürlich nicht richtig war; denn die alte Didaktik, auf neue Flaschen gezogen und mit einem Schuß formalisierter Literaturbetrachtung versetzt, delegierte an die Literatur, was ihr selbst nottat: eine neue Orientierung an neuen gesellschaftlichen Entwicklungen.
Die Richtlinien der sechziger Jahre, obgleich inzwischen prinzipiell bei den Lehrern der jüngeren Generation in Verruf geraten, spiegeln jenen halbherzigen Anpassungsversuch, der immer noch auf den alten anti-intellektualistischen und das heißt anti-kritischen Fundamenten ruht. Eine Blütenlese aus den Richtlinien für die

Hauptschulen Niedersachsens, in denen zum Beispiel auch »Schreibverkümmerung und Formzerfall der Handschrift« beklagt werden, mag das demonstrieren. Da ist Muttersprache aufzufassen »als historisches Gebilde und als ein Ausdruck des Volksdenkens«, aber keineswegs kritisch zu relativieren. »Das Lesegut ... soll nach Inhalt und Sprache wertvoll sein«, ohne daß nur der geringste Versuch gemacht wird, zu bestimmen, was denn »Wert« eigentlich sei. Hingegen wird ausdrücklich gegen die »intellektualistische Zerstückelung von Lesetücken« Stellung bezogen, denn: »Das dichterische Werk darf als Ganzes nicht zerstört, seine Substanz nicht zerredet werden.« Und: »Jede methodische Übertreibung ist einer fruchtbaren Begegnung mit der Dichtung nur hinderlich.«
Der bildungsbürgerliche Hintergrund solcher Anweisungen ist deutlich. Die einzigen Modernisierungen zielen ab auf eine Integration des Schülers in die neu entstehende Leistungsgesellschaft, die als unbefragte Größe übernommen wird. Da wird eine Anpassung des Lesestoffes gemäß der technischen Entwicklung empfohlen und, verbunden damit, immer wieder darauf hingewiesen, daß der Schüler sich der Gemeinschaft unterzuordnen habe. Dieses integrative Element ist durchgängig vertreten und wird, wie die folgende Analyse der Lesebücher zeigen wird, von den Lesebüchern konsequent aufgenommen und realisiert. So kann es denn auch in den Richtlinien Baden-Württembergs heißen: »Aufgabe des Leseunterrichts ist es ..., zur Dichtung zu führen; denn Dichtung vermittelt Lebenswirklichkeit in sprachlich gültiger Form.« Bezeichnend für die bildungsbürgerliche Orientierung der Richtlinien ist die nahezu durchgängig vertretene Formel, daß sich der Schüler einen »Schatz von Gedichten zum dauernden Besitz zu erwerben« habe, – und ebenso konsequent fordern die Richtlinien Bayerns, Baden-Württembergs, Niedersachsens und Nordrhein-Westfalens, was im 1970 erschienen Band *Schulreform in Bayern – Lehrpläne für die Grundschule, Orientierungsstufe und Hauptschule* so formuliert ist: »Das Gedicht soll vor allem als Ganzes auf die Schüler wirken; eine zerredende Behandlung muß vermieden werden.« Weithin bleiben der Rationalismus und die Erziehung zur Kritik am Text und an der

vermittelnden Methode ausgeschlossen – symptomatisch dafür ist der Leitsatz, der in Nordrhein-Westfalen entstanden ist: »Vom Denken her kann geordnet, gegliedert, gesichtet werden. Mehr vom Gefühl aus wird abgestimmt, abgewogen, gesucht und verglichen.«
Die Richtlinien der Bundesländer dieser zweiten Etappe, die heute, auch wenn sie nicht mehr ernst genommen werden, jedenfalls immer noch Gültigkeit haben, demonstrieren eben jene Unentschiedenheit, die die Krise des gesamten Deutschunterrichts kennzeichnet. Halb – und in der Didaktik noch ziemlich ungebrochen – hängen sie an den alten Bedingungen, die den Deutschunterricht als Gesinnungsfach installierten; zur anderen Hälfte versuchen sie dem durchaus erkannten Dilemma zu entkommen, indem sie die alten durch moderne literarische Texte ersetzen. Zudem – und das ist das Eigentümliche der Richtlinien – propagieren sie ebenso allgemein wie unverbindlich, daß der neuen gesellschaftlichen Entwicklung Rechnung getragen werden müsse, Literatur eben nicht mehr nur Dichtung im traditionellen Sinne sei, sondern der Begriff zu erweitern sei um Sachprosa, Beschreibungen und um die verschiedensten Formen der Medien Film, Fernsehen und Funk; überdies wird häufig abgehoben auf Probleme der technisierten Arbeitswelt, denen auch im Unterricht Rechnung getragen werden müsse: doch weder die Richtlinien noch die eingeführten Deutsch-Didaktiken realisieren solche formulierten Erkenntnisse. Nicht einmal die Literaturempfehlungen der Richtlinien und schon gar nicht die eingeführten Lesebücher tragen solchen Postulaten Rechnung. Hingegen breitet sich Angst aus, ja die Befürchtung, der Deutschunterricht könne – wo man nur zu stark solchen Anforderungen entgegenkomme – wiederum zum Gesinnungsfach denaturieren. So heißt es symptomatisch für diese Furcht in den niedersächsischen Richtlinien für die Realschulen: »Die Sachtexte und die lyrischen, epischen und dramatischen Werke, die jetzt im Deutschunterricht behandelt werden, bieten durch Inhalt, Thema und Gehalt viele Anlässe zu Unterrichtsgesprächen über allgemeine Fragen des Selbst- und Weltverständnisses, ohne daß der Deutschunterricht der Gefahr eines

Gesinnungsunterrichts erliegen darf. – Andererseits wäre es verfehlt, Inhalt und Gehalt zu sehr auszuklammern und Formalismus zu betreiben. Der Deutschlehrer steht hier vor der schweren methodischen Aufgabe, beide Extreme zu vermeiden, die Texte so zu behandeln, daß Inhalt und Form in ihrer Wechselbeziehung deutlich werden, und dort, wo es angebracht ist, die Lehrer der entsprechenden Nachbarfächer um Mitarbeit und Hilfe zu bitten.« Besser kann sich der Eiertanz nicht selbst charakterisieren als in solch unentschiedener Formulierung, die lediglich besagt, daß die Lösung der Probleme in der Klasse vom Lehrer geleistet werden müsse – wozu also dennoch Richtlinien?

Man könnte sich ihrer noch seitenlang als Lieferanten lächerlicher Zitationen bedienen – aber solche Darbietung trüge zur Erkenntnis nicht mehr bei, als bisher mitgeteilt wurde. So daß zum Abschluß der Richtlinienkritik, die für diese Arbeit über die Lesebücher der siebziger Jahre ja nur als Hintergrundinformation und Folie für die künftigen Analysen einen gewissen Erkenntniswert hat, wenigstens zwei Versuche von Rahmenplänen erwähnt werden müssen, die sich von dem hier als üblich Erkannten deutlich abheben, weil sie in der Tat von neuen Voraussetzungen hinsichtlich der gesellschaftlichen Neuorientierung des Deutschunterrichts ausgehen. Sie bezeichnen den Beginn der dritten Etappe. Gemeint sind die Rahmenpläne, die 1968 von Berlin und 1969 folgende von Hessen erstellt wurden. Die Pläne für Hessen, die bei weitem fortschrittlichsten unter allen vorliegenden, sind bereits wieder in Arbeit und werden auf den neuesten Stand gebracht; der neueste Entwurf für die Förderstufe, der im Augenblick vorliegt, stammt aus dem Mai 1971. Die hessischen Pläne werden hier nur kurz gestreift; sie finden eine nachdrückliche Berücksichtigung im zweiten Teil, dem prospektiven und prospektiv pragmatischen Versuch dieser Arbeit.

Der Berliner Rahmenplan von 1968 verzichtet weitgehend auf die tradierten Ingredienzien der alten Richtlinien und orientiert sich konsequent am Prinzip der Leistungsgesellschaft. Das hat ihm bereits 1969 die heftige Kritik junger Berliner Didaktiker eingetragen, die schon auf dem Germanistentag in Berlin gegen den Techno-

kratismus der neuen Schul- und Universitätsplanung protestiert hatten. Doch finden sich darin auch durchaus akzeptable Formulierungen.
»Nicht Auslese ist die vordringliche Aufgabe der Schule, sondern die Förderung jedes Jugendlichen. Auslese ergibt sich bei der bestmöglichen Förderung jedes einzelnen von selbst.« – »Bildung kennzeichnet nicht einen Zustand; Bildung ist ein lebenslanger Prozeß.« Solche Formulierungen sind mit den alten bildungsbürgerlichen Reminiszenzen nicht zu vergleichen; aber sie muten gleichwohl an wie Leitsätze für einen letztlich doch nur soziologisch abgedeckten ›Darwinismus‹, der mittels Förderung Zurückgebliebener die Quellen erweitern möchte, aus denen sich das notwendige Personal für die Realisierung dieser Leistungsgesellschaft rekrutiert. Das wird deutlich in folgendem Passus, der für das Berliner Modell ausschlaggebend ist: »Unsere Gesellschaft versteht sich nicht zuletzt als Leistungsgesellschaft. Die Schule kann sich der Forderung nicht verschließen, stärker Leistungsschule zu werden. Sie kann jedoch höhere Leistungen nicht erzwingen, sondern muß durch individuelle Förderung ihre Anforderungen und die Leistungsfähigkeit des Schülers in ein ausgewogenes Verhältnis bringen und den Schüler durch Motivierung zur Leistungsbereitschaft erziehen. Höhere Leistung bedeutet pädagogisch oft nicht ein blosses Mehr an Leistung, sondern Leistung in anderer Form. Von einem dynamischen Begabungsbegriff ausgehend, muß die Schule ihre Anforderungen individualisieren, indem sie sich den Interessen, Befähigungen und Bedürfnissen des einzelnen stärker zuwendet. Die Schule muß vor allem von dem auf den Durchschnittschüler der Klasse genormten Unterricht abgehen. Individualisierung der Aufgaben und rechtzeitige Förderungsmaßnahmen sind für die Entwicklung des Schülers grundsätzlich zweckmäßiger als das Sitzenbleiben.«
Zwar betont der Berliner Rahmenplan auch die Individualisierung der Förderungsmaßnahmen, doch kommt in seinem gesamten Kontext das Prinzip des Kreativen und Imaginativen als Erziehungsziel, das bei all seinen Formalisierungsversuchen den Bildungsplan Hessens so positiv von allen anderen Versuchen abhebt, zu kurz.

Während im hessischen Entwurf die Entwicklung von Phantasie, Kreativität und Imaginativität mit dem Ziel einer kritischen Methode zur Beurteilung von Gesellschaft auf dem Wege über die Literatur ausdrücklich als Lernziel definiert wird, zielt der Berliner Plan auf Anhebung der Qualifikation und Vermehrung qualifizierter und leistungsbereiter, den Anforderungen der komplizierten Gesellschaft und industriellen, technisierten Arbeitswelt genügender Schüler ab. »Deutschunterricht als Sprachunterricht leistet... personale und soziale Erziehung.« Und die Hauptschule, so heißt es da, »beabsichtigt... eine Hinführung zur Arbeits- und Wirtschaftswelt und gibt zugleich Zeit und Gelegenheit zu seelisch-geistiger Reifung.«

Vor allem krankt der Berliner Rahmenplan daran, daß er seine Ziele zwar postuliert, insgesamt aber keine Methoden erarbeitet, die zur Realisierung dieser Ziele im Unterricht notwendig wären. In seinem Bekenntnis zum Pluralismus und in seiner Methodenunsicherheit bleibt auch dieser Plan auf halbem Wege stehen. Deutsch gilt auch ihm eher als Integrationsfach denn als Möglichkeit, im Schüler die Grundlagen zur kritischen Erkenntnis von Welt und damit zur Erkenntnis von der Veränderlichkeit der Gesellschaft, einer Grunderkenntnis jeden Fortschritts, zu entwickeln.

Ansätze, Erkenntnisse dieser Art methodisch umzusetzen und dergestalt eine moderne Didaktik des Deutschunterrichts zu entwerfen, bietet zur Zeit lediglich der *Bildungsplan für das Fach Deutsch an den Gymnasien des Landes Hessen:* »Mit der Aufnahme von Literatur überschreitet der Mensch die Welt des zur unmittelbaren Lebenssicherung Notwendigen; insofern birgt die Beschäftigung mit Literatur emanzipatorische Möglichkeiten. Mit der Anleitung zu solcher Beschäftigung soll eine ästhetische Sensibilisierung erreicht werden, die zu gesteigerter Wahrnehmungs- und Imaginationskraft befähigt. Das Ausbleiben solcher Sensibilisierung führt nicht nur zur Verarmung der Phantasie, sondern bewirkt darüber hinaus eine indirekte Verstärkung aller auf Anpassung an bestehende gesellschaftlich-kulturelle Verhältnisse drängenden Faktoren.«

Darauf wird konsequent aufgebaut. Literatur wird also nicht in ihren tradierten »Ewigkeitswerten« vermittelt, sondern im historischen Kontext befragt und aktualisiert; die formalen Aspekte bleiben nicht mehr primär einer ästhetisch orientierten Literaturbetrachtung vorbehalten, sondern werden, zum Beispiel in der Unterprima, nach folgenden Themen behandelt: »Wechselbeziehungen zwischen Formen, Inhalten, gesellschaftlichen Verhältnissen; Schriftsteller und Publikum; Vermittlungsinstanzen; Probleme der Subliteratur; Nationalliteratur als soziologisches Problem...« Und Lernziele sind für dieselbe Klasse u. a.: »Die Schüler sollen die Einsicht gewinnen, daß keine Literatur ohne sozio-kulturellen Kontext besteht. Das gilt sowohl für Inhalt und Form der Literatur als auch für die Art ihrer Aufnahme und Verbreitung. Es muß erkannt werden, daß es schichtenspezifische Lesegewohnheiten gibt und daß dies gesellschaftlich-politische Wirkungen hat. Subliteratur wird nicht als Kitsch oder Schmutz und Schund abgetan. Es geht vielmehr um Kenntnis und Art und Verbreitung der ›zweiten Literatur‹ und um Verständnis ihrer Funktionen.«

In solchen methodischen Ansätzen zeigt sich, was Richtlinien für den Deutschunterricht tatsächlich leisten können. Ich komme später auf die hessischen Pläne zurück. Alle anderen Richtlinien sind Makulatur, ja waren es bereits, als sie gedruckt wurden.

3. Lesen lernen – eine Anpassungsübung?

Wenn es zutrifft, daß in den vier Grundschuljahren beim Schüler jenes Fundament gelegt wird, das für kritische Verständniseinübung und Lernmotivation von entscheidender Bedeutung ist, so muß man nach der Durchsicht gängiger Lesewerke für das zweite bis vierte Schuljahr ebenso zutreffend feststellen, daß die dort vermittelten Grundlagen des Deutschunterrichts die auf sie aufbauenden Ausbildungsjahre merklich mit Hypotheken belasten. Die Analyse derartiger Lesewerke ging von folgenden kritischen Setzungen aus:

1. Ein harmonistisches Weltbild täuscht eine ›heile Welt‹ vor; es verstellt den kritischen, und das heißt hier: unterscheidenden Blick auf die Wirklichkeit. Seine Evozierung läuft den Erziehungszielen eines in seiner gesellschaftlichen Relevanz so zentralen Faches, wie es der Deutschunterricht ist, zuwider.

2. Geschlossene, also nichts offenlassende und abrundende Texte bewirken emotionales und d. h. meist irrationales Übernehmen von Inhalten; offene, ausweitende Texte provozieren zur erfahrungsabhängiger und rationaler Konfrontation bzw. zur Fortentwicklung von Inhalten.

3. Die schnell sich verändernde körperliche, seelische und geistige Entwicklung des Kindes zwischen dem fünften und zehnten Lebensjahr widerspricht jedem perfektionistischen und konformistischen Kindbild, zumal einer auf Rollen- und Leistungserwartung programmierten Typisierung.

Die Diskussion um das deutsche Lesebuch ging von der Kritik der Gymnasiallesebücher aus und hat bis auf wenige Ausnahmen kaum die Grundschullesebücher erreicht. Zuletzt in dem von Peter Braun, Ende 1971 herausgegebenen Buch *Neue Lesebücher* sind ausführliche Analysen von Lesebüchern auch dieses Typs enthalten, die, obgleich sie nicht immer vom selben Untersuchungsmaterial wie ich ausgehen, dennoch nahezu dieselben Ergebnisse hatten. Das Buch, das meist Beiträge von Studenten der Pädagogik und der Literaturwissenschaft enthält, ist nachdrücklich zu empfehlen; es hat auch diese Arbeit anregend begleitet.

Gemeinsam ist allen vorliegenden Lesebüchern für die Grund- und Hauptschule, daß sie

1. für jede Klassenstufe ein einzelnes Buch vorsehen,
2. eine nur im Detail veränderte Gesamtgliederung für die Bücher bis zur vierten und von der fünften bis zur neunten Klasse entwickeln und
3. im Lesebuch für die zweite Klasse noch der Fibel der ersten Klasse stark verpflichtet sind.

Typologisch lassen sich die vorliegenden Lesebücher in zwei Gruppen fassen:

Die erste Gruppe wird repräsentiert von drei typischen Beispielen: *Wunder Welt* des Schwann-Verlags, *Das weite Tor* des Schroedel-Verlags und *Mein Lesebuch* des Bayerischen Schulbuchverlags – sie alle ordnen thematisch nach pseudokategorialen Überschriften wie »Das Wunderwerk« – »Wir und die Welt« – »Wir und die andern« – »Verkehrte Welt« – »Im Zoo« (so in *Wunder Welt*) oder: »Von Januar bis Dezember« – »Die Welt ringsum« – »Kinder wie du und ich« – »Von Füchsen, Hasen und anderen Tieren« – »Allerlei Spaß« – »Es war einmal« (so in *Das weite Tor*). Diese Gruppe manipuliert das Lesenlernen auf Grund eines für kindgemäß gehaltenen, Rollenerwartung disponierenden und also Anpassung realisierenden Vorverständnisses. Diesem Vorverständnis entsprechen auch die dargebotenen Texte.

Die zweite Gruppe wird repräsentiert von vier ebenso typischen Beispielen: den beiden *Lesebuch* genannten Lesewerken des Klett- und des Westermann-Verlags und den beiden Lesebüchern *Schwarz auf Weiß* und *Lesebuch 65* des Schroedel-Verlags, wobei das *Lesebuch* des Klett-Verlages sein Programm nicht so entschieden realisiert wie die drei anderen. Dieses Programm ist eindeutig von der Didaktik Helmers' und seiner Lesebuchkonzeption bestimmt. So heißt es im Lehrerhandbuch zu *Schwarz auf Weiß*: »Für die Textauswahl ist die literarische Qualität das entscheidende Kriterium

... Primäre Aufgabe des literarischen Unterrichts ist die literarische Bildung: die Einführung des jungen Menschen in die Welt der Literatur in der Weise, daß ihm alle wesentlichen Erscheinungen von Literatur erschlossen und zu späterem sachgemäßen Umgang und Verhalten verfügbar gemacht werden.« Literatur also als Selbstzweck, wie es an anderer Stelle unumwunden ausgesprochen wird. Aber auch dies wird, wenigstens verbal im Programm, festgestellt: »Die Erziehung des jungen Menschen zu einem möglichst kritischen Leser (bzw. Hörer) ist gerade im Hinblick auf den Einfluß der Massenmedien heute von besonderer Wichtigkeit.«

Die literarische Konzeption dieses Lesebuchs manifestiert sich lapidar in einer gattungsorientierten Gliederung, die Lyrisches, Dramatisches und Episches aufteilt in: »Gedichte«, »Spiele«, »Märchen«, »Legenden«, »Erzählungen«, »Schwänke«, »Ausschnitte aus Jugendbüchern« und »Spielanweisungen und Berichte«. Kletts *Lesebuch* ist ähnlich konzipiert und stellt, wie auch *Schwarz auf Weiß* vom Lesebuch der 3. Klasse an den Prosateil vor den lyrischen und schließt mit Kasperspielen ab. Berichtsformen fehlen hier ganz. Sie allerdings sind auch im *Lesebuch 65* nur siebenmal vertreten, darunter die Titel »Max putzt sein Rad«, »Alle meine Pferde« und »Der Tod des Löwen Wotan« – obgleich im Lehrerhandbuch dieses Lesewerks verkündet wird, darin solle das »Welt- und Selbstverständnis« geprägt und erweitert werden. Doch die wesentliche Einschränkung wird dort gleich am Anfang gemacht, wenn es heißt: »Das ›Lesebuch 65‹ lehnt die mit Recht kritisierte Darstellung der Welt ab, die sich einseitig auf ihre harmonische, patriarchalische und idyllische Seite beschränkt. Ebensowenig aber möchte es der entgegengesetzten Einseitigkeit Vorschub leisten, die ein Lesebuch nur zum Spiegel der modernen Arbeitswelt und der sozialen und geistigen Probleme der industriellen Massengesellschaft machen will.«

Um es gleich vorweg zu sagen: dieser Gefahr erliegt keines der gängigen Lesebücher; ihre Einseitigkeit ist durchweg dem Literaturbegriff des traditionellen Lesebuchs vorbehalten: die neue Gliederung nach Gattungen ist lediglich ein formaler Trick und baut ein neues, für wertgebunden ausgegebenes Hindernis auf, das weiterhin die inhaltliche Debatte des angebotenen Lesestoffs verhindert. Das Argument, daß literarisch minderwertige Texte durch relevantere ersetzt wurden, weil, »wer Welt im Medium minderwertiger sprachlicher Erzeugnisse erleben lernt, ... in Urteil und Empfinden verborgen (wird)«, schützt nur eine unfähige Didaktik, die ihre pädagogische Aufgabe an eine vorgegebene literarische Qualität delegiert: an guter Literatur läßt sich nicht zeigen, warum schlechte Literatur schlecht und ideologisch geprägte Literatur eben ideologisch orientiert ist – man muß schon mit den inkriminierten Texten arbeiten, um den Schülern rationalisierbare Kategorien zur Beurteilung literarischer Formen und Inhalte zu vermitteln.

Bieten die Lesebücher, deren Typus ich unter der ersten Gruppe versammelt habe, dem Schüler mittels thematischer Zuordnung eine übersichtliche Baukastenwelt an, in der er sich einrichten soll, so lösen die literarisch gegliederten Lesebücher der zweiten Gruppe die Übersichtlichkeit dieser so manipulierten Systematik zwar ab, errichten dafür aber eine neue, nämlich formale: gattungsbestimmte Ordnung; d. h., wo früher das Gesinnungslesebuch die von ihm vermittelten Gesinnungen und Werte unbefragt und geradezu lautlos im Schüler zu verinnerlichen bestrebt war, verhindern nun die als literarische Qualität ausgegebenen Formen und Gestalten der Texte zweifelndes Fragen nach den Inhalten. Denn literarische Qualität, sofern sie auch in den literarisch gegliederten Lesebüchern überhaupt auszumachen ist, bedeutet den Herausgebern dieser Lesebücher meistenteils Geschlossenheit und ›Stimmigkeit‹ der ausgewählten Texte.

Gerade sie aber, so lautet die zweite Prämisse meiner Analyse, affizieren zu emotionaler und d. h. meist irrationaler Übernahme der vermittelten Inhalte. Ebenso stabilisieren sie ein harmonistisches Weltbild, das mit erfahrbarer Realität nicht übereinstimmt, und verleiten zu einer konformistischen Moralisierung, die dem Kind jeden Ansatz zu imaginativer Selbstverwirklichung nimmt. Die Texte präjudizieren so eine Rolle, die das Kind nach Erwartung der Erwachsenen zu spielen hat, die es, um in diese bestehende Gesellschaft hineinzuwachsen, erfüllen muß

Jungen und Mädchen haben in dieser Erwachsenenerwartung verschiedene Rollen zu erfüllen: Mädchen werden, in den sog. literarischen Lesebüchern allerdings verständlicherweise weniger als in den Lesebüchern älteren Typs, auf die Hausfrauen- und Mutterrolle, Jungen – weitaus großzügiger und mit größerem Freiheitsraum ausgestattet – auf die Rolle des Beschützers und des Vaters programmiert: dies vor allem in den Lesebüchern für die 2. und zum Teil für die 3. Klasse. Bereits die ›literarischen‹ Lesebücher der dritten und vierten Klasse aber halten sich mit solchen plumpen Programmierungen merklich zurück; auch die soziale Interaktion der auszubildenden Kinder findet nicht mehr, wie in den nach übersichtlichen Umweltbereichen gegliederten Lesebüchern, im Familien- und Freundeskreis statt. Das aber hat zur Folge, daß die Kinder noch weniger Möglichkeiten haben, die dort literarisch gestaltete Welt mit ihrem eigenen realen Erfahrungsbereich zu konfrontieren und auf ihre Inhalte hin zu prüfen – wobei ›Prüfen‹ für dieses frühe Entwicklungsstadium nur bedeuten kann: Unterschiede feststellen und, so aufmerksam geworden, nach Unterschieden fragen. Kritisiert wird ja nicht, daß die soziale Interaktion im Lesebuch im Familien- und Freundeskreis stattfindet, sondern daß die dort angesiedelten Texte den an die eigene Autorität gebundenen Erwartungen der Erwachsenen für die Kinder entsprechen und damit identifizierendes Lesen realisiert werden soll.

Als einziges Lesewerk versucht das *Lesebuch* des Westermann-Verlags in seinem 1971 erschienenen Lehrerkommentar »Analysen und Interpretationen« wenigstens theoretisch – und pragmatisch auch in einigen Texten der drei Grundschullesebücher – die Fixation identifizierenden Lesens zu durchbrechen, wenn es dort heißt: »Auch ein Grundschullesebuch sollte sich nicht einseitig auf Texte beschränken, die ausschließlich eine Identifikation des lesenden Kindes mit den Verhaltensweisen und Haltungen der vorgeführten Personen zulassen bzw. fordern. Neben das identifizierende Lesen hat von Anfang an ein distanzierendes Lesen zu treten, das Abstandnehmen, Überlegung, Urteil, Stellungnahme fordert und damit auch zum Verständnis und zur Toleranz von Gegebenheiten führt,

die dem Kind unangemessen, fremdartig, nicht erstrebenswert erscheinen.«
Dieses Postulat wendet auf die literarischen Lesebücher konsequent die Erkenntnis an, daß, wo der größte Teil moderner Literatur – und damit schriftlich fixierten modernen Weltverständnisses – ›gegen den Strich‹ geschrieben wird, das in dieser Welt lebende Kind auch das Lesen ›gegen den Strich‹ lernen muß, und d. h. Welt über die Literatur nicht identifizierend, sondern fragend, also kritisch wahrnehmen soll. Das aber muß vor allem wiederum die didaktisch bedingte Methode des Lehrers bewirken; das Grundschullesebuch, das ja auch das rein mechanistische Lesen einzuüben angelegt ist, kann in seinen Texten und mit ihrer Anordnung nur eine mögliche Vorlage für die so bestimmte Didaktik liefern. Im übrigen spielt auch die Entwicklung des jeweiligen Kindes eine Rolle für Identifikation oder Distanzierung: speziell kindgemäß geschriebene Texte können eine Distanzierung provozieren, und diese muß nicht einmal, wie gewünscht, inhaltlich, sondern kann lediglich formal gegen das z. B. kindisch dargestellte Kind gerichtet sein. Eine solche Distanzierung lenkt oft von der gewünschten Distanzierung von bestimmten inhaltlichen Gegebenheiten ab, personalisiert und verharmlost damit mögliche Fragen, statt sie objektivierend zu verschärfen.
Auch die Distanzierung als didaktisch konzipierte Methode ist also nicht prinzipiell davor gefeit, Anpassungsmechanismen zu ermöglichen; vielmehr setzt sie, wie auch die literarisch orientierte Didaktik, subtilere Anpassungsmöglichkeiten frei, die durch eine vordergründige Distanzierung verschleiert werden. Mustergültig vollzieht sich dieser Prozeß in dem Stück »Pelle zieht aus«, das *Schwarz auf Weiß* für die zweite und das *Klett-Lesebuch* für die dritte Klasse anbieten. Das Stück beginnt so:
»Pelle ist böse. Er ist so böse, daß er beschlossen hat, von zu Hause wegzuziehen. Man kann einfach nicht weiter bei einer Familie wohnen, wo man in dieser Weise behandelt wird. – Das war morgens, als Papa ins Büro gehen wollte und seinen Füllfederhalter nicht finden konnte. – ›Pelle, hast du schon wieder meinen Füllfederhalter genommen?‹, fragte Papa und packte Pelle hart am

Arm. – Pelle hatte schon manchmal Papas Füller ausgeliehen. Aber nicht heute.«

Im weiteren wird beschrieben, wie Pelle auszieht und sich auch nicht durch die Lockungen der Mutter davon abhalten läßt: »Nein«, heißt es einmal, »er hat nicht die Absicht, irgendwelche Weihnachtsgeschenke von Leuten anzunehmen, die behaupten, daß er Füllfederhalter stiehlt.« Aber Pelle, der ins kalte Herzhäuschen neben dem Haus gezogen ist, wird systematisch – durch Überredung und eine verinnerlichte Schuldmotorik – vom Anlaß seines Auszugs, einer Ungerechtigkeit des Vaters, entfernt und in Sentimentalität gehüllt; so, wenn die Mutter zu ihm sagt: »Papa und ich, wir werden hier herumsitzen und den ganzen Weihnachtsabend weinen. Wir werden nicht einmal die Lichter anzünden. Wir werden nur weinen.‹ – Da lehnt Pelle den Kopf an die Küchentür und fängt an zu weinen, weint so herzzerreißend, so laut, so durchdringend – so fürchterlich! Er hat so großes Mitleid mit Papa und Mama. Und als Mama ihre Arme um ihn legt, bohrt er sein Gesichtchen an ihren Hals und weint noch mehr, so mehr, daß Mama ganz naß davon wird. ›Ich verzeihe euch‹, sagt Pelle zwischen den Tränen.«

Diese Geschichte von Astrid Lindgren wird von Zweitklässlern möglicherweise identifizierend, von Drittklässlern wahrscheinlich distanzierend gelesen. Doch wird sich die Distanzierung auf die Figur Pelles beziehen und die selbstverständliche Autorität des Vaters, der grundlos beschuldigt, ohne davon auch nur ein Wort zurückzunehmen, nicht anzweifeln. Die Rolle des Vaters aber wäre in diesem Zusammenhang, ebenso wie jene der Mutter, kritisch zu würdigen: aber der Vorwurf gegenüber dem Kind bleibt bestehen; mittels Sentimentalität, die sich im groben Klischee der Weihnachtlichkeit ausspricht, wird das eigentliche Objekt der Distanzierung verschleiert, die Distanzierung wird personalisiert und nicht versachlicht. Die Familie als beglückender Hort des Kindes wird aufgebaut, das Kind wird der Rollenerwartung durch seine Rückkehr dorthin gerecht – Anpassung ist vollzogen.

Ebenso geschickt und subtil wirken die Anpassungsmechanismen trotz äußerer Distanzierung in der Geschichte vom Wolf und den drei kleinen Schweinchen, die das *Lesebuch 65* als englisches Volksmärchen, das Klett-*Lesebuch* (ebenfalls für die 2. Klasse) als amerikanische Geschichte ausweist – die Geschichte hat in beiden Büchern einen anderen Wortlaut, aber denselben Handlungsablauf: drei kleine Schweinchen werden von ihrer Mutter ins Leben entlassen und aufgefordert, sich ein »gutes, festes Haus« zu bauen, »damit euch der Wolf nicht holen kann«. Das erste Schweinchen baut ein Haus aus Stroh, das zweite eins aus Stöcken, das dritte eines aus Ziegeln. Als der Wolf kommt, bläst er das Strohhaus und das Haus aus Stöcken um, und die beiden dort wohnenden Schweinchen fliehen zum dritten, das in seinem Backsteinhaus sicher ist. Die Mutter hat denn auch dieses dritte Schweinchen angemessen gelobt. Die Schlußmoral der Geschichte lautet: »›Wir müssen jedes ein Ziegelhaus haben‹, sagte das erste kleine Schweinchen. – ›Ja‹, sagten die anderen. – Und sofort machten sie sich an die Arbeit. Sie halfen einander, und bald besaß jedes kleine Schweinchen ein Ziegelhaus, das kein Wolf je umblasen konnte.«

Wirklich distanzierendes Lesen hätte hier das unbefragt reproduzierte Freund-Feindbild von Schweinchen und Wolf (das übrigens auch die Micky-Mouse-Literatur ausführlich belebt) und – im Zuge der Auflösung dieses Klischees – auch den kleinbürgerlichen Eigentumsbegriff, der in der Moral dieser Geschichte evoziert ist, zu befragen. Statt dessen wird im Lehrerkommentar des Klett-*Lesebuchs* die Distanzierung des Schülers zuerst auf die Mutter gelenkt, die den kleinen Schweinchen nicht mitgeteilt hat, welches Haus am besten schützt, und in dieser Konsequenz dann auf die beiden dummen Schweinchen, die sich nur ein ›leichtes‹ Haus gebaut haben. Hier, und nicht ohne Grund in der Tierwelt, wird das Verhalten der Mutter kritisiert, weil sie es vernachlässigt, ein ihr übergeordnetes ideologisch fixiertes gesellschaftliches Verhalten zu vermitteln – im Gegensatz zur Tiermutter verhalten sich die Mütter der Menschenwelt in den Lesebüchern stets richtig, was allerdings nur heißt: im Sinne familiärer Autorität. Was die Tiermutter aber vernachlässigt hat, wird durch die gefährliche Erfahrung der kleinen Schweine wieder aufgeholt: mit dem Bau der Backsteinhäuser darf das harmonistische Weltbild als restituiert gelten.

Die Beispiele sind beliebig zu vermehren, in denen eine scheinbare Distanzierung subtil zur Stabilisierung der heilen Welt in den Herzen der Schüler beiträgt, ihr Hirn, will sagen ihr Verstand wird eingesetzt zur Bestätigung dieses Weltbildes. Das Böse, Bedrohende bleibt im Dunkel des Gefühls und wird nicht rationalisiert; rationalisiert wird allenfalls jede Begründung zur Anpassung an herrschende Ideologie, und sei sie noch so primitiv metaphorisiert wie in den beiden genannten Geschichten. Mag das literarische Lesebuch, das dem oktroyierenden Gesinnungslesebuch gefolgt ist, auch mittels distanzierenden Lesens den fragenden Verstand aktivieren, so ist diese so nur formal beschriebene Methode nicht unbedingt auch eine Garantie dafür, daß richtiges Fragen geübt wird. Richtiges Fragen müßte sich nämlich der jeweils am Ende einer schön runden, ›stimmigen‹ Geschichte stehenden Moral zuwenden; jenes Fragen, das in den vorgeführten Beispielen provoziert wird, trägt nur zur Bestätigung der aufgezäumten Moral und zu ihrer um so stärkeren Befestigung bei. Lesen lernen dient also, jedenfalls in den meisten Texten der dieser Analyse zugrunde liegenden Lesebücher, durchaus noch als subkutane Anpassungseinübung. Richtiges Lesenlernen impliziert richtiges Fragenlernen – daran mangelt es in auffälliger Weise.

4. Heile Welt mit Aufstiegschancen?

Zwei Aspekte, unter denen die Reformer des deutschen Lesebuchs ihre Arbeit seit der Mitte der sechziger Jahre gesehen haben, waren:
1. hinsichtlich der Gestalt und des Inhalts des Lesebuchs die Modernisierung seiner Texte und ihre formenbedingte Gliederung;
2. hinsichtlich der didaktisch zu vermittelnden Lehrmethode die dem Schüler einzuübende Praxis des distanzierenden Lesens.
In der ersten genannten Absicht, die mit dem Anspruch auf ›wertvolle‹ literarische Texte verbunden war, lag die Meinung beschlossen, die Modernität der Texte verbürge Erkenntnismöglichkeiten moderner Welt- und Gesellschaftsverhältnisse; distanzierendes Lesen aber sollte zur kritischen Erkenntnis und Urteilsfähigkeit erziehen. Damit in Einklang stand die Forderung nach Beseitigung unqualifizierter, speziell ›kindgemäß‹ geschriebener Texte.
Wie im vorigen Kapitel gezeigt wurde, sind fordernde Theorie und Lesebuch-Praxis im Grundschulbereich nur erst ansatzweise oder noch gar nicht in Einklang gebracht worden. Zudem erwies sich, daß zeitgenössische Literatur nicht ohne weiteres auch aktuelle gesellschaftliche Probleme transparent machen muß und distanzierendes Lesen den subtilen Anpassungs-Mechanismen des ehemaligen Gesinnungsfaches Deutsch durchaus entgegenkommen kann. Die ›heile Welt‹ des alten Gesinnungslesebuchs erschien in neuem literarischen Gewand, nahezu ungebrochen.
Die Frage, der in diesem Kapitel nachgegangen werden soll, bezieht sich auf die Lesewerke der ersten vier Klassen der fortführenden Schulen, der Realschulen also und der Gymnasien. Und gefragt wird nach dem vermittelten Verständnis von Umwelt und Gesellschaft, nach dem Vermittlungsgrad klassenbedingter Vorurteile bzw. nach den Ansätzen ihrer Destruierung und schließlich, da beide Fragen in ihnen virulent werden, nach der Darstellung von Arbeits- und Berufswelt als den häufigsten Konfliktsorten des So-

zialen – diese letzte Frage wird im folgenden Kapitel, dem die Analyse der Abschlußlesebücher von Haupt- und Realschulen zugrunde liegt, noch ausführlicher untersucht.

Der Untersuchung liegen sechs Lesewerke zugrunde: das *Lesebuch 65* des Schroedel-Verlags, Schwanns *Arbeitsbuch Literatur* und das Klett-*Lesebuch B* – alle drei für Realschulen; dazu die Gymnasiallesebücher *Begegnungen* des Schroedel-Verlags, *Lesen* des Bayerischen Schulbuchverlags und das Klett-*Lesebuch A*. All diese Lesewerke im einzelnen und detailliert zu charakterisieren ist hier nicht möglich; das Symptomatische, dem bei der Beantwortung der gestellten Fragen nachgegangen werden soll, gilt für alle Lesewerke, trotz geringfügiger Unterschiede im Aufbau und ansatzweiser Realisierungsversuche aktueller gesellschaftlich relevanter Themen. Hervorzuheben sind immerhin zwei, allerdings knapp gefaßte, Komplexe, die sonst vernachlässigt werden: jener zum Thema »Werbung« und jener zum Thema »Vorurteile« in Schwanns *Arbeitsbüchern Literatur* für die 8. bzw. 7. Realschulklasse.

Forderte eine der didaktischen Prämissen für den Deutschunterricht der Grundschulen die Anleitung zum distanzierenden neben dem traditionellen identifizierenden Lesen, so lautet hier, formuliert im Lehrerhandbuch zum *Lesebuch 65* für die 5. und 6. Klasse, die didaktische Erkenntnis so: »Alle Entwicklung und Bildung beruht darauf, daß wir Stufen erreichen, die uns vorher nicht zugänglich waren. Erziehung und Lernen vollziehen sich nicht nur in Schritten des vollen Verständnisses, sondern kennen als Faktoren genauso die Antizipation und die unverstandene einfache Übernahme... Was für den mathematischen Unterricht gilt, daß jeder Schritt erst nach dem erschöpfenden Verständnis des vorangegangenen vollzogen werden kann, trifft keineswegs auch für literarische Werke zu. Sie sind ohnehin meist nur partiell versteh- oder erschließbar. Wir müssen also neben das identifizierende das antizipierende Lesen setzen. D. h. wir müssen auch Stoffe anbieten, die der jeweiligen Verstehens-Stufe des Schülers voraus sind – das um so mehr, als moderne Literatur weniger mit Identifikation als mit kritischer Distanz gelesen werden muß.«

Diese methodische Erkenntnis ist konsequent aus jener abgeleitet, die das distanzierende Lesen zu einer Methode werden ließ. Merkwürdig nur ist, daß ausgerechnet hinsichtlich der modernen, also ohnehin kritisch sich äußernd ausgegebenen Literatur die kritische Distanz des Schülers gefordert wird – weckt doch diese Forderung den Anschein, als habe der Schüler vor allem das kritische Element der modernen Literatur kritisch, und das heißt angesichts dessen, was sich heute so ideologieträchtig im Lesebuch anbietet, skeptisch zu betrachten. Distanzierung vom kritischen Element der Literatur aber bedeutet wieder einmal die Identifizierung mit jenen tradierten Werten und gesellschaftlichen Normen, die moderne Literatur prinzipiell in Frage stellt. Daß solche Auslegung nicht auf einer mißverständlichen Formulierung der Lesebuchmacher beruht, belegen die untersuchten Lesewerke nur allzu genau.

Allgemein läßt sich hinsichtlich der Gliederung und Beschaffenheit der in den Lesebüchern beider Schultypen vertretenen Texte folgendes sagen:

1. Es lassen sich keine prinzipiellen Unterschiede zwischen den Lesebüchern der Realschulen und Gymnasien feststellen; ganz evident machen das die beiden Lesewerke des Klett-Verlags, in denen für die beiden Schultypen zu einem hohen Prozentsatz dieselben Texte bei ganz ähnlicher Gliederung enthalten sind – wobei im Gymnasiallesebuch mehr antike klassische Texte als im Realschullesebuch stehen.

2. Die nicht fiktionale Literatur: Berichte, Beschreibungen, theoretische Texte, die von der modernen Literaturdidaktik entschieden gefordert wird, ist nur in geringem Maße vorhanden. Lediglich Schroedels *Lesebuch 65* gliedert grundsätzlich zwischen fiktionaler, also dichterischer, und nicht-fiktionaler Literatur, ohne allerdings eine thematische Gliederung aufzugeben; der Anteil der nicht-fiktionalen Literatur steht auch hier weit hinter jenem der fiktionalen Literatur zurück.

3. Zwar erscheinen in den Lesewerken thematische Komplexe wie »Gemeinschaft« und »Gesellschaft«, aber ebenso konsequent wie die nahezu vollständige Ausschaltung des Problemkreises ›Arbeitswelt‹

aus diesem Komplex ist die Historisierung der als gesellschaftlich relevant ausgegebenen Texte darin. Und wo, wie in Band 3 der *Begegnungen*, ein Themenkomplex »Arbeit« gesondert neben jenem »Gesellschaft« benannten angeboten wird, enthält er als aktuellste Texte einen Auszug aus Johnsons Roman *Mutmaßungen über Jakob* und Siegfried Lenz' Erzählung *Zirkus in Suleyken*.

Antizipierendes Lesen, so muß es jedenfalls nach den Forderungen der Didaktiker verstanden werden, bedeutet, nicht nur in der konsequenten Fortführung des distanzierenden Lesens, in jedem Falle eine Vermittlungsmethode, die Fragen gegenüber dem gelesenen Text aufwirft, und zwar vorderhand Verständnisfragen und dann auch inhaltliche Fragen, die von Skepsis und Zweifel an den vermittelten Inhalten und den gewählten Vermittlungsformen motiviert werden; daß sich die Fragen auch an die Vermittlungsmethode des Lehrers richten, ist eine Idealität, die leider kaum gefördert wird – für die Eingangsklassen der weiterführenden Schulen mag sie auch noch verfrüht sein. An der Problematik des Fragenlernens nun wird die gesamte Problematik des Lesens und damit der Lesebücher virulent. Wo das Fragenlernen nicht eingeübt wird, setzt sich an die Stelle kritischer Bewußtwerdung die unbefragte und kritiklose Übernahme von in Texten vermittelten Verhaltensnormen, die jede der Kritik entstammende Imaginativität des Schülers unentwickelt läßt bzw. hinsichtlich seines Sprachschatzes und seiner Formulierungsgabe sogar reduziert. Für das Lesebuch heißt das: fiktive literarische Texte dürfen nicht lediglich formal behandelt werden, sondern müssen mit Informationen versehen werden, die ihre Relativierbarkeit und historische Zuordnung und somit ihr Erkennen über die nun möglichen Fragen zulassen; nicht-fiktive Texte müssen so angelegt sein, daß sie zusätzlich zu ihrem informativen Inhalt einen Bezug zur Erlebniswelt des Schülers haben, damit in der Konfrontation von vermitteltem Inhalt und erlebter Realität Fragen möglich werden. Das aber bedeutet wiederum, daß gerade die Eingangslesebücher der weiterführenden Schulen der Orientierung dienen müssen, der Orientierung in einer als tatsächlich zeitgenössisch empfunden, und das heißt soziologisch und

politisch gesprochen: demokratisch geordneten und in dieser kapitalistischen Demokratie problematisch gewordenen Umwelt.
Doch die Welt, die sich in den untersuchten Lesewerken präsentiert, ist ungebrochen heil; sei es, daß das Untertertia-Lesebuch des Klett-Verlages seinen lyrischen Teil unter das Motto eines Gedichts von Ina Seidel stellt, das des »Wortes Gewalt« u. a. mit den Zeilen beschwört: »Mensch! Gib du acht, eh' du es sprichst, / daß du am Worte nicht zerbrichst!« – sei es, daß im *Arbeitsbuch Literatur* für die 8. Klasse der Realschule unter dem thematisch wenigstens explizierten Lernziel »Der Mensch und die sekundären Systeme« (Soziokultur und Arbeitswelt) als einziger theoretisch fundamentierender Text 11 Zeilen des konservativen Soziologen Hans Freyer stehen, die hier, weil sie symptomatisch sind für alle hier untersuchten Lesebücher, ganz zitiert werden sollen: »Wir erinnern uns sodann der Verwandlung, die die menschliche Arbeit dadurch erfährt, daß sie unter das System der Maschinen, der Fließbänder und des bürokratischen Apparates subsumiert wird. Nicht nur die Arbeit des Menschen, sondern er selbst verfällt dieser Subsumption: auch der Rhythmus, in dem seine Glieder schwingen, auch die Antriebe, die in ihm wirken, auch die Maßstäbe, an denen er sich selbst mißt, und die Befriedigungen, die er empfindet. Er wird testbar. Daß die Arbeitskräfte, die einen leicht, die anderen schwer, prinzipiell aber alle, ersetzbar sind, daß im Ganzen der Arbeitswelt die Ungelernten und die Angelernten immer mehr zunehmen, ist nur die Außenseite der Sache. Ihre Innenseite ist, daß die Person des Menschen im System nicht gebraucht wird und sogar stört. Sie fällt als Rest heraus, wenn die nützliche Funktion, mit der er von Interesse ist, durch Organisation und Training isoliert worden ist.«
Die Fragen, die unter diesem Text stehen, beziehen sich samt und sonders auf sein Verständnis und sind nicht imstande, kritisches Fragen zu evozieren. Was hier theoretisch für eine integrative Technokratie normativ konstatiert wird, findet ein emotional integrierendes Pendant in Erzählungen, die den scheinbaren Ausweg aus der systembedingten Vermassung und Entpersonalisierung in eben der Personalisierung anbieten (während ja die bewußtseins-

fördernde Auflösung tatsächlich nur systemkritisch geleistet werden kann).
Die Erzählung, die paradigmatisch für die erzählerische Bewältigung des Problems ›Arbeitswelt‹ in den vorliegenden Lesebüchern steht, findet sich im 1. Band des Gymnasiallesebuchs *Begegnungen*. Sie heißt »Der Kranführer« und ist von Reiner Zimnik. Die ersten Sätze enthalten bereits Sinn und Absicht: »Es war aber einer unter den Männern, der liebte den Kran am meisten. Er war ein junger ... und er liebte den Kran so sehr, daß alle sagten: ›Er ist verrückt!‹ Er hämmerte und nietete dreimal so schnell wie die anderen, und wenn die anderen am Feierabend nach Hause gingen, dann turnte er ganz oben auf dem Kran herum und putzte mit seinem Taschentuch die Schrauben blank. Und in der Nacht schlief er unter dem Kran, und am Morgen sprang er über seinen Schatten, und alle anderen sagten: ›Der Mann ... ist verrückt‹.«
Das Ganze ist märchenhaft erzählt, man spielt Demokratie vor. Denn obwohl »der Bruder von der Frau des Ministers ... und der Freund vom Bürgermeister« Kranmann werden wollten, ernennen die 12 Stadträte unseren eifrigen Mann zum Kranmann; sie schicken ein Telegramm dieses Inhalts: »Der Mann mit der blauen Mütze hiermit zum Kranmann ernannt. Bezahlung eine Mark zweiundachtzig Pfennig die Stunde. Bedingungen: Arbeitszeit von morgens um sieben bis abends um fünf. Samstag nachmittag frei. Von zwölf bis eins Mittag. Um sieben, um zwölf, um eins und um fünf Sirenen heulen lassen, außer Sonntag. Einmal im Monat Kran putzen und die Maschine ölen und Benzin tanken. Jeden Sonntag um zehn und um elf vormittags die Stadträte über den Fluß setzen. Fleißig sein!«
Das alles ist gar nicht so witzig, wie es sich für uns Erwachsene anhört, wenn man liest, wie das Lehrerheft diese Geschichte behandelt wissen möchte: »Man sollte weiter keinen Tiefsinn in den Einzelheiten der im Stil eines modernen Märchens erzählten Geschichte suchen und sich bei der Interpretation darauf beschränken, daß auch in unserer mehr kritisierten als gelobten technisierten Arbeitswelt Liebe zum Beruf, ja zu einem toten Gegenstand gedeihen können. Die denkbare zweite Auslegung, daß jene Liebe etwas

Anomales habe, Zimnik also eine Zeitkritik liefern wolle, scheint bei der deutlich sympathisch gezeichneten Gestalt abwegig zu sein. Im Gegenteil sind die Aussagen der Arbeitskollegen, der Mann ... sei verrückt, gerade als ein Beweis für die in unserer Zeit ungewöhnliche Liebe zur Arbeit anzusehen. Die anderen, die Beruf nur als Job kennen, halten den für verrückt, der mit ungewöhnlicher Liebe an seinem Arbeitsgerät hängt und weit mehr tut, als er muß. Ein solcher Mann ist in unserer Welt wirklich ein ›seltener Vogel‹.«

Der Zynismus dieses Kommentars ist kaum zu überbieten; das normative Verhalten, das den Schülern hier vermittelt werden soll, entspricht genau der Verhaltensweise, die der Freyer-Text als Ausweg aus der Entpersonalisierung, sprich Entfremdung in der Arbeitswelt unausgesprochen nahegelegt: scheinbare Repersonalisierung statt Systemkritik und -veränderung.

In einer Gesellschaft, in der die Produktionsmittel sämtlich in der Hand der Unternehmer sind, kann die Liebe zum Arbeitsgerät – und damit verbunden natürlich seine liebevolle Pflege – nur als Erfüllung der Rollenerwartung seitens der Unternehmer für die abhängigen Arbeiter gewertet werden. Dieser gesellschaftliche Integrationsmechanismus, der bei Erfüllung der Rollenerwartung natürlich auch die Aufstiegschancen der Lohnabhängigen vor Augen führt, kennzeichnet mit ganz geringen Ausnahmen – etwa des Wallraff-Textes aus dem Stahlwerk »Sinter zwo« –, zwar nicht so kraß, dafür aber grundsätzlich alle Texte, in denen affirmativ soziale Verhaltensweisen und -muster auf oft subtile Weise normativ vermittelt werden.

So entwickelt dasselbe Lesebuch für die Untertertia einen eigenen Komplex mit dem Titel »Helden«, dessen Aufnahme im Lehrerheft so begründet wird: »Jungen der Klasse 8 ... sind auf der Suche nach Vorbildern, nach denen sie sich ausrichten können. Sie lesen gern Bücher, die von großen Taten und großen Menschen handeln, und versuchen, sich in ihrer Handlungsweise mit diesen Vorbildern zu identifizieren.« Statt nun, was sowohl einer antizipierenden als auch distanzierenden Unterrichtsmethode entspräche, Heldentum grundsätzlich zu befragen (etwa anhand des Brecht-Gedichts »Fragen eines lesenden Arbeiters«, das die historischen Erläuterungen und Relativierungen bereits einsehbar auch für den Untertertianer mitliefert), unterscheidet man hier säuberlich zwischen falschem und »echtem Heldentum«, wenn es typischerweise mit dem Wort »unaufdringlich« versehen, im Lehrerheft heißt: »So soll dieses Kapitel in erster Linie der Auseinandersetzung mit dem als ›heldenhaft‹ mißverstandenen Schlägertyp dienen, indem es kritische Maßstäbe bereitstellen hilft und *unaufdringlich* Züge echten Heldentums aufzeigt.« Demonstrationsobjekte dieses ›echten Heldentums‹ sind ein preußischer Haudegen im letzten preußischen Krieg – etwa kein Schlägertyp? – und Sokrates, sind Goethes Gedicht »Ermutigung«, Schillers Freund aus der »Bürgschaft« und der englische Antarktisforscher Scott im »Kampf um den Südpol«. Statt auf die Destruierung historisch bedingter und analog sich verbreitender Vorurteile hinzuwirken, statt historische Größe ebenso wie tradierte Literatur hinsichtlich ihres Wertes zu befragen, zu relativieren und vor allem zu aktualisieren, wird Überliefertes stilisiert und verabsolutiert.

Die bildungsbürgerliche Wertvorstellung hält sich zäh in den Lesebüchern der weiterführenden Schulen – vermittelt sie doch Klassenprivilegiertheit und signalisiert dem aus der Grundschule aufgestiegenen Schüler ein Wertbewußtsein, das ihn von den dort Zurückgebliebenen distanziert, weil es ihm bessere Aufstiegschancen verspricht; Herkunft bzw. sozialer Status des Elternhauses, die heute noch weitgehend mit den drei Schultypen identisch sind und also die Klassenschule petrifizieren, befestigen dieses Wertbewußtsein beträchtlich. So erweist sich das Schlagwort von der Chancengleichheit als Lüge; denn die Aufstiegschancen sind von vornherein verteilt. Die Lesebücher sind ein adäquater Ausdruck dieser gesellschaftlichen Verhältnisse, auch wenn sie zeitweise etwas zwitterhaft geraten wie vor allem die Realschullesewerke: zum einen übernehmen sie, bei oft anderslautendem Anspruch ihrer Herausgeber, eine auf moderne Literatur hin ausgerichtete, aber gleichwohl unbefragt perpetuierte Wertvorstellung, die als gesetzte Größe akzeptiert wird und unschwer als dem bildungsbürgerlichen Literaturbegriff verpflichtet zu erkennen ist; zum anderen wollen sie den erkannten aktuellen Problemen entgegenkommen und fordern, wie die Herausgeber des *Lesebuch 65*: »Wir brauchen den kritischen und urteilsfähigen Bürger« – bleiben dann aber beim halbherzigen Engagement stehen. Sie produzieren Lesebücher, die in ihrer Inkonsequenz bei der Umsetzung der für richtig erkannten reformerischen Prämissen gefährlich verbilden, weil sie nämlich die alten Werte nicht grundsätzlich in Zweifel ziehen, sondern nur subtiler arrangiert tradieren. Das alte Gesinnungslesebuch würde heutzutage vermutlich von den Schülern der weiterführenden Schulen nicht mehr sonderlich ernst genommen; es ließe sich, da es so unverschleiert verkommene Werte als beherzigenswert anbietet, leichter problematisieren als die modernistisch aufgeputzten Lesebücher, die zwar zum Fragen auffordern, aber als Antworten auch nur die alten Werte parat halten. Mag sein, daß die heutigen Lesebuchmacher noch zu sehr in der bildungsbürgerlichen Tradition verwurzelt sind; es mag aber auch sein, daß sie zwischen dem Gestern ihrer Erfahrung und dem Heute der notwendigen Reformen sich nicht entscheiden können – deshalb erscheinen der Weg und ihre Didaktik, ihn zu begründen, so verschlungen und irreführend: ein demokratisches Bewußtsein und das Ziel, es im Schüler unter Zurücknahme der eigenen Wertvorstellungen zu verwirklichen, wird aus den untersuchten Lesewerken nicht ersichtlich. Da hatte schon Christian Morgenstern recht, wenn er sagte: »Wer vom Ziel nichts weiß, kann den Weg nicht haben.«

5. Was erfahren Haupt- und Realschüler über ihre künftige Berufssituation?

Zwei grundsätzliche Erläuterungen sind hier vorauszuschicken: *Erstens:* Wenn Deutschunterricht als literaturkundlicher Unterricht für angehende Lehrlinge – auf dem Weg zum Arbeiter oder Angestellten – sinnvoll auf deren nachschulische, also berufliche Existenz bezogen sein soll (und das sollte er unbedingt), dann darf er sich nicht damit begnügen, Literatur als bleibendes Bildungsgut zu vermitteln und, wie es in so manchen didaktischen Vorschlägen heißt, die Lektüre nur als sinnvolle Lösung immer stärker werdender Probleme der Freizeitgestaltung anzuerziehen. Er muß vielmehr eine prinzipielle Aufgabe darin sehen, mittels einer inhaltlich und formal adäquaten Literatur kritisches Denken nicht nur allgemein, sondern auch speziell bezogen auf die zu erwartende Lebenssituation der Schüler zu lehren und zu üben.

Daraus ergibt sich *zweitens*, daß mit dem Wort »Berufssituation« Allgemeineres als nur den Arbeitsplatz Betreffendes ausgesagt werden soll. »Berufssituation« meint den gesellschaftlichen Ort von Arbeit und ihre Abhängigkeit im politischen wie auch technisch-industriellen System; meint im weiten Sinne also auch die Rolle des Menschen in einem in sich immer kompakter und abhängiger, d. h. also auch anfälliger werdenden System, in dem der Einzelne seine Funktion nur noch in bezug auf den Gesamtablauf zu haben scheint – wieweit Lesebücher und ihre Texte angelegt sind, diesen integrativen Anpassungsprozeß vorwegzunehmen, wird also maßgeblich für die Untersuchung dieses Kapitels sein.

Insgesamt neun Lesewerke wurden untersucht: drei für die Realschule, und zwar: das *Lesebuch 65* des Schroedel-Verlags, das *Lesebuch B* des Klett-Verlags und das im Schwann Verlag erschienene *Arbeitsbuch Literatur*, und sechs für die Hauptschulen, nämlich Kletts *Lesebuch C*, Westermanns *Lesebuch*, sodann *Texte Texte Texte* des Bayerischen Schulbuchverlags sowie *Das weite Tor*, das *Lesebuch 65* und *Schwarz auf Weiß*, alle drei von Schroedel.

Ganz allgemein muß gleich zu Anfang gesagt werden, daß bis auf das allerdings erst 1971 bei Schwann erschienene *Arbeitsbuch Literatur* für Realschulen, über das noch zu reden sein wird, keines der angegebenen, an den Schulen verbreiteten Lesewerke die Erwartungen, die vorhin ausgesprochen wurden, erfüllt. Im Gegenteil: vor allem die Hauptschullesebücher und das Klett-Lesebuch für Realschulen transportieren einen Literaturbegriff, der im schlechten Sinne bildungs*bürgerlich* zu nennen ist: da wird ein Literatur- ›Schatz‹ angeboten und eingegeben, der in seinen tradierten Wertvorstellungen, die nicht in Frage gestellt werden, antiquiert ist. Es ist so, als solle den Haupt- und Realschülern mit einem dünnen, aber undurchdringlichen Schleier traditioneller Literatur und konservativer Weltanschauung der Blick verstellt werden auf das, was sie nach der Schule erwartet: denn eine gesellschaftlich relevante Auseinandersetzung mit der durchaus erfahrbaren und mitteilenswerten Zukunft der Schüler findet nicht statt. Lediglich im Westermann-*Lesebuch* und im sonst nicht gerade empfehlenswerten *Weiten Tor* des Schroedel-Verlags stehen einige ›Beschreibungen und Berichte‹ aus der Berufs- bzw. Arbeitswelt. Doch sie erfüllen, wie zu zeigen sein wird, eher die Funktion von Anpassungshilfen als die notwendig zu leistende Aufgabe kritischer Aufklärung. Nur das *Arbeitsbuch Literatur* von Schwann fällt, wie gesagt, in dieser unerfreulichen Gesellschaft positiv auf.

Naturgemäß kann nicht verlangt werden, daß die Lesebücher nur noch Textvorlagen liefern für einen Unterricht, der Arbeitskunde und Sozialkunde oder, wie in Berlin, Weltkunde heißt. Aber ebensowenig wird man einer Forderung folgen können, die im Lehrerheft zum Lesebuch des Klett-Verlags ausgesprochen wird: »Wie der Erdkundeunterricht in die geographische Welt, der Rechenunterricht in die Welt der Zahlen einführt, so führt der Literaturunterricht in die Welt der Literatur und Dichtung ein.« Und: »Niemand kann sich von Literatur, von Dichtung fernhalten.« Vor allem dieser letzte Satz demonstriert ein Verständnis von Welt und Gesellschaft, das sich zwar an Literatur, nicht aber an der Gesellschaft ausgebildet hat. Denn die Realität der Arbeitswelt, in die die Schüler und Leser der hier angesprochenen Lesewerke eines Tages entlassen werden, sieht schon heute, ganz zu schweigen von morgen, anders aus. Und deshalb müßte gerade der Deutschunterricht, dem immer auch eine gesellschaftliche Funktion zugemessen wurde, auf diese veränderte und sich ständig verändernde Realität reagieren und seine Stoffe und Lernziele ebenfalls verändern. Er müßte neben der literarischen Bildung, die zu aktualisieren wäre, auch die praktische Bildung der Schüler betreiben. Und das heißt in diesem Zusammenhang: er müßte auf die praxisbetonte Zukunft der Schüler hinarbeiten und ihnen eine darauf bezogene theoretische Orientierung mitgeben. Da die Jugendlichen nach der Schule sogleich in den Arbeitsprozeß eingegliedert werden und sich als Individuen dem Sog des Systems nicht mehr oder doch nur in geringem Maße entziehen können, sollte ein adäquat aufgefaßter Deutschunterricht kritische Verhaltensweisen vorab einüben.

Angesichts der immer dichter werdenden technischen Verflechtung in der industriellen Arbeitswelt erfüllt das, was die gängigen Lesewerke den Schülern für ihr späteres Leben mitgeben, nicht einmal eine Aufgabe hinsichtlich der Freizeitgestaltung. Wo aber die Literatur so den Anschluß an die gebotenen Notwendigkeiten von Arbeitswelt und Gesellschaft verloren hat – und dies vor allem gesprochen auf die Lesebücher der Haupt- und Realschulen –, wird sie bald nur noch zur blinden Bestätigung ihrer selbst gelehrt. Will Literatur aber wieder eine leitende Funktion haben, die sie einmal für die Gesellschaft besaß, dann muß sie sich die veränderte Realität selbst zum Thema machen: dem Lesebuch als wohl wichtigstem Multiplikator von Literatur kommt dabei die zentrale Bedeutung zu.

Die Realität der Lesebücher aber entspricht diesen Anforderungen nicht im geringsten. So enthalten die beiden Realschullesebücher des Klett- und des Schroedel-Verlags nicht einen einzigen Text aus Arbeits- und Berufswelt: Das Klett-Lesebuch tradiert eine klassische Sammlung bürgerlichen Literaturbesitzes, das Schroedel-Lesebuch, obgleich modernistischer ornamentiert, enthält zwar einen Arbeitsanhang, der erläuternde bzw. konfrontierende Texte zu einigen Texten des Hauptteils anführt, doch spiegelt sich in seiner Anlage und Textauswahl derselbe Literaturbegriff wie im Klett-Lesebuch. Arbeits- und Berufswelt werden völlig ignoriert. Dieser Mangel kann auch nicht wettgemacht werden durch eine Geschichte, die – wie im Klett-Lesebuch – die Entwicklung eines Manuskriptes zum Buch auf peinlich kindgemäße Weise erzählt. Das Bewahrende, Patriarchalische einer gewünschten Arbeitswelt schlägt auch hier durch, wenn es vom Lektor heißt: »Dem Verleger gegenüber ist er dafür verantwortlich, daß sich die Bücher gut verkaufen lassen, daß das Programm ausgewogen ist und dem Stil des Hauses entspricht.«

Die Wahrung einer harmonistischen Weltsicht ist das Wunschbild, das sich diesen Lesebüchern leichthin abziehen läßt; auch dort, wo tatsächlich einmal von Arbeit die Rede ist. So hat das Westermann-Lesebuch für die 7. und 9. Klasse zwar eine knappe Abteilung, die mit »Arbeit« überschrieben ist, aber mit moderner Arbeitswelt haben die dort untergebrachten Texte nichts zu tun. Da finden sich Beschreibungen wie: »Corinth aquarelliert« oder »Cézanne malt mein Porträt«, Berichte über »Schiff in Not« und, was unseren Forderungen am meisten entgegenkommt, anderthalb Seiten über den »Bergmann mit dem weißen Kragen«: der Titelheld arbeitet an der ersten vollautomatischen, ferngesteuerten Kohlengrube der Welt. Ausnahmen also werden vorgeführt, nicht die Alltäglichkeit der Arbeits- und Berufswelt. Im Lehrerhandbuch zu diesem Komplex heißt es: »Die moderne Arbeitswelt hat sich spätestens seit dem 2. Weltkrieg total verändert. Maschinen nehmen die Arbeit nicht nur ›fort‹, sondern ›über‹-nehmen sie auch. Das gilt für körperliche als auch zunehmend für geistige Leistung. Automaten bieten eine Fülle von formalen Denkmodellen, deren sich die moderne Wissenschaft zu Experimenten bedient. Technische Probleme interessieren experimentell; sie lassen sich in Formeln ausdrücken. Der Mensch spielt dabei nur insoweit eine Rolle, als er sich zweckmäßig zur Maschine verhält. Sein Ursprung, seine ideengeschichtliche Qualität, seine Persönlichkeit können zu störenden Faktoren werden. Andererseits trifft das Schlagwort von der Beherrschung des Menschen durch die Maschine nicht generell zu. Man hat darauf hingewiesen, daß das Verhalten des Menschen im automatisierten Produktionsprozeß nicht allein zweckmäßig-verstandesbetont sei, daß vielmehr durch die Routine und Präzision des Maschinellen ein tiefes, triebhaftes Bedürfnis des Arbeitenden nach Stabilität befriedigt, eine erwünschte Entlastung seiner Subjektivität erreicht werde. Der Arbeiter hat längst die Scheu vor der ›Dämonie‹ des Apparates verloren; er erkennt unbedenklich die ›Herrschaft‹ an, weil er weiß, daß sie ihm das Leben erleichtert. Weil Lebenserleichterung oberstes Gut ist, werden die traditionellen Werte einer Person, die als Leidenschaften und Gefühle dem Ziel im Wege stehen, der Technik überantwortet.«

In diesem Text wird deutlich, wie nahe technokratische Weltsicht und ein harmonistisches Weltbild – das evoziert werden soll – beieinanderliegen: wo früher die Arbeit der zentrale sittliche Wert war (nicht etwa der Mensch als arbeitendes Subjekt mit seinen Nöten und Leidenschaften), wird nun das ›Maschinelle‹ zum zentralen, weil stabilisierenden Wert, da es »Lebenserleichterung (als) oberstes Gut« ermöglicht. Probleme der Entfremdung, die geradezu höllische Abnutzung des Menschen im Akkord oder am Fließband werden nicht genannt. Der einzige Beitrag, der, allerdings stark gekürzt, zwar nicht bei Westermann, aber in anderen Lesebüchern zu diesen ›Kennzeichen unserer Zeit‹ zu lesen ist, stammt von Günter Wallraff: »Am Fließband«. Hier aber, im Westermann-Lesebuch, fehlt er bezeichnenderweise.

Das Lehrerhandbuch von Westermann bringt die Möglichkeiten des Menschen in der Arbeitswelt auf vier Grundsituationen; er zeigt, wie dort formuliert wird:

»1. den harten Einsatz an der Grenze der Zivilisation,
2. die Entpersönlichung durch den ›Apparat‹,
3. das Scheitern des nicht Anpassungsfähigen,
4. den konsequenten Individualisten.«

Außergewöhnliche Situationen auf der einen, die Notwendigkeit zur Anpassung auf der anderen Seite: in jedem Falle wird also hier die Bewährung im Sinn einer funktionalen, in Harmonie bestehenden oder zur Harmonie zu bringenden Arbeitswelt beschworen. Das geschieht zudem in Texten, die durch Form und Inhalt von der Realität des Alltags weit entfernt sind. So ist es beinahe gleichgültig, ob diese Texte unter dem Titel ›Arbeit‹ oder unter einem beliebigen anderen Titel stehen: sie erfüllen die Funktion exemplarischen Vorlebens im Positiven oder im Negativen, sie bieten Verhaltensmuster fürs Leben, aber nicht die geforderte informatorisch-kritische Aufklärung über Berufs- und Arbeitswelt.

Beruf und Arbeit werden, falls sie überhaupt in den gängigen Lesewerken erscheinen, als unbefragbare, als gesetzte Größen dargestellt, und das bedeutet, daß – im Gegensatz zur Meinung des Westermann-Lehrerhandbuchs – Arbeit immer noch als zentraler sittlicher Wert geglaubt wird. Mit diesem unproblematisierten Glauben aber geht einher der fraglose Glaube an die Intaktheit der Orte, wo Arbeit stattfindet: der Betrieb wird dargestellt als Heimat, der nie erwähnte Unternehmer wird als Vaterfigur mitgedacht, als Ideale gelten Firmentreue und der ständige harte Einsatz für Arbeitsleistung und Maschinen. In den Lesebüchern scheint es, als arbeite der Arbeiter für sich selbst, als sei er noch mündiges Subjekt und nicht das zum abhängigen Rädchen im Getriebe entmündigte Objekt ›Arbeitskraft‹. Die Mystifikation, die mit der Arbeit in den Lesebüchern getrieben wird, ist perfekt: statt den Menschen in seiner konkreten Abhängigkeit zu zeigen, werden noch die Gegenstände anthropomorphisiert: da gibt es »seufzendes Eisen«, da »hungern die Öfen«, und schließlich wird der ganze Arbeitsgang zu einer sakralen Handlung hochstilisiert wie im Lesebuch *Das weite Tor* für die 8. Klasse, in dessen Geschichte »Hochofenabstich« es u. a. heißt: »Jetzt läuft der Eisenstrom. Ruhig, stark, schwellend, immer höher schwellend. Millionen Funken sprühen aus den Rinnen. Nebelschwaden fliehen aus der frischen, feuchten Erde, die das Eisen dörrt. Ein herrliches Bild voll Kraft, voll feierlicher Schönheit ... Die Winderhitzer fangen wieder an zu blasen: Die ganze Brücke flammt in Glut. Feuergarben spritzen zehn, zwölf Meter weit. Hohl brüllt Donner aus dem Ofenbauch. Ein dicker Teppich Weißglut rollt über die Brücke auf. Große Feuerkugeln kollern uns vor die Füße. Wellblechfetzen fallen von dem hitzezerfressenen Dach. Wunderbarer Anblick! Ich kann mich nie daran sattsehen, so wenig wie am sturmgepeitschten Meer.«

Darstellungen der Arbeitswelt wie diese gemahnen an die Arbeiterliteratur der zwanziger Jahre, die entweder in pathetischer Faszination erstarrte oder, ebenso phatetisch, die zunehmende Technisierung als Zivilisationsmoloch verschrie. Sie liefern allenfalls Stimmungsbilder, die zudem meist nicht einmal stimmen, weil sie nicht die Situation des Arbeiters zeigen, sondern die Faszination eines Zuschauers, der die existentielle Grundsituation des Arbeiters nie wird nachvollziehen können. Erzählungen aus der Arbeitswelt, wie sie hier präsentiert werden, sind entweder matte Feuilletons, oder, wo sie, wie oft, Unfälle an Arbeitsplätzen schildern, Rührstücke, die von ›Schicksal‹ reden oder gegenläufig systembedingte Vorfälle individualisieren, d. h. auf einen oder wenige Menschen reduzieren: die systembedingten Probleme der Arbeitswelt werden so als Probleme individueller beruflicher Tätigkeit verzerrt. Auch diese Reduktion auf die Individuen ist eine Art von Mystifikation, solange diese Individuen nicht als Objekte der durchaus rationalisierbaren Institutionen der Arbeits- und Berufswelt gezeigt werden. Die Mystifikation hat durchaus faschistoide Züge, wenn der Arbeitsplatz zum Schlachtfeld, der Arbeiter zum Helden dort und die Arbeit als Kampf metaphorisiert werden – das Bestehen der Schlacht ist unbefragtes Gebot.

Daß der Arbeitgeber so gut wie nie selbst auftritt, wurde bereits erwähnt. Dessen bedarf es auch nicht, wo die Perspektive, aus der die Arbeits- und Berufswelt gesehen ist, jener des Arbeitgebers entspricht. Denn selbst wo der Arbeiter erzählendes Subjekt ist, hebt seine Schilderung auf die Erfüllung der gesetzten Norm ab: Arbeitsmoral wird aus unnachprüfbaren ethischen Prinzipien und nicht, wie es richtig wäre, aus sozio-ökonomischen Voraussetzungen abgeleitet. Die Ursache wird nicht befragt. Sozio-ökonomische Kriterien wären ja rationalisierbar und im Detail kritisierbar, was die Normierung der anzupassenden Arbeiter, sprich: Schüler zumindest schwieriger machte.

Emotionalisierung statt Erkenntnisförderung, Moralisierung statt Rationalisierung, Normierung und Anpassung statt Weckung kritischer Intelligenz: das ist das Fazit, das man hinsichtlich der Darstellungen von Arbeits- und Berufswelt in den hierzulande gängigen Lesebüchern ziehen muß. Dieses Fazit stimmt überein mit Erkenntnissen, die die Analysen auch anderer Bereiche der Lesebücher erbrachten, wenn jene auch nicht ganz so haarsträubend ausfielen wie diese hier.

Das mag daran liegen, daß die Lesebücher immer noch unverbrüchlich an dem überlieferten, eben restaurativen bildungsbürgerlichen Literaturbegriff festhalten, in dem Arbeiterliteratur oder Literatur der Arbeits- und Berufswelt im hier angesprochenen Sinne nicht enthalten ist.

Wie gesagt, auch hier soll nicht die Forderung erhoben werden, das Lesebuch müsse nur noch Vorlagen für den Sozialkundeunterricht liefern. Aber da seit Beginn der sechziger Jahre eine ernstzunehmende Arbeiterliteratur in der Bundesrepublik existiert – auch der Blick auf die Arbeitsweise sozialistischer Kollektive in der Darstellung sozialistischer Literatur (etwa der DDR) könnte nicht schaden – und darüber hinaus gerade die Schüler der Haupt- und Realschulen die künftigen Arbeiter und Angestellten sind, müßte es einem sich als gesellschaftliche Institution verstehenden Deutschunterricht selbstverständlich sein, daß er die Literatur auch im Hinblick auf die seinen Schülern nächstliegenden Fragen analysiert. Auch dafür hätten die Lesebücher neben dem anderen, was sie bieten, Texte aufzunehmen.

Als einziges Lesebuch unter den gängigen realisiert das *Arbeitsbuch Literatur* für Realschulen von Schwann die neuen Impulse, die von der jüngsten Lesebuchdiskussion ausgingen. Es gibt den traditionellen Literaturbegriff auf und ordnet unter sinnvollen, weil konkreten Sachbegriffen Texte aus den verschiedensten Gattungsbereichen, bezieht z. B. Lexikonartikel und Zeitungsberichte und, unter dem Titel »Presse«, die publizierten Vertragstexte des Bonn-Moskauer-Vertrages mit ein. Nicht die alten, aufgeschwemmten Sammeltitel des Gesinnungslesebuchs werden geboten, sondern konkrete Begriffe

bestimmen die Anlage dieses Lesebuches. Begriffe also, mit denen Literarisches und Gesellschaftliches im weitesten Sinne erklärt werden kann. Zwar fehlt im Band für die 10. Klasse der im vorangehenden Buch vertretene Titel »Arbeit«, doch statt dessen enthält er an gleicher Stelle den Titel »Beruf«.
Beide sind knapp gehalten, aber die dort vertretenen Texte ermöglichen immerhin eine kritische Auseinandersetzung mit den angesprochenen Problemen, sie liefern sozusagen deren theoretische Voraussetzung. Ansätze, wie gesagt; immerhin. Sie zeigen, wohin die Entwicklung das Lesebuch bringen muß.
Weder das Gesinnungslesebuch noch das nach Gattungen geordnete literarische Lese- und Arbeitsbuch ist dazu geeignet, Textvorlage für einen sich in seiner gesellschaftlichen Relevanz begreifenden Deutschunterricht zu sein. Ihre unzeitgemäßen Vorstellungen von Gesellschaft kommen am deutlichsten dort zum Vorschein, wo der Konfliktsort des Sozialen liegt: in der Arbeits- und Berufswelt. Wo die Arbeits- und Berufswelt – wie gezeigt wurde – als eine ›heile Welt‹ dargestellt wird, finden Aufklärung und Erziehung zu kritischem Denken nicht statt. Da verliert dann auch die Literatur allgemein ihre bildende Funktion und verkommt zum Mittel der unreflektierten Anpassung – ein Urteil, das leider die meisten der heute gängigen Lesebücher trifft.

6. Der Literaturbegriff in den Texten für die Oberstufe

Das geistige Selbstverständnis eines Volkes, so ähnlich hat es ja der französische Germanist und Kritiker deutscher Lesebücher Robert Minder gesagt, drückt sich am entschiedensten in seinen Lesebüchern aus. Einerseits also geprägter Ausdruck dieses Selbstverständnisses, prägen und vermitteln die Lesebücher ihrerseits dieses Selbstverständnis weiter fort. Über den Literaturbegriff, für den die in ihnen kanonisierten Texte stehen, bilden sie bei den Lesenden und Lernenden die in jedem Falle gesellschaftlich relevanten Haltungen aus – auch eine apolitische oder gesellschaftsfeindliche Haltung ist ja, das sei kurz erinnert, gesellschaftlich relevant.

Obgleich immer wieder neue Lesebücher konzipiert und herausgegeben werden, nehmen seit dem Aufkommen der Lesebuchkritik jene Stimmen zu, die das gesamte Lesebuch als Institution für überholt halten. In seiner unaufbrechbaren Geschlossenheit vermittle es eine Wert- und Vorstellungswelt, die kritisches Fragen, selbst wo sie es provoziert, nur innerhalb ihres geschlossenen Systems zuläßt. Diese Wertwelt gelange über den Kreislauf des sie vermittelnden Prozesses nicht hinaus. Mit Recht richtet sich diese Kritik gegen eine Vermittlungsform, in der sich die alten bildungsbürgerlichen Wertvorstellungen festgesetzt haben. In der intakten bürgerlichen Klassengesellschaft funktionierte dieser Kreislauf: tradierte Werte wurden weitertradiert, feste Bildungsinhalte, Träger der bürgerlichen Ideologie, gingen unverändert von Generation zu Generation; das Lesebuch versammelte in sich den Schatz der bewahrenswerten Kulturgüter.

Diesen Schatzkästchencharakter hat das Lesebuch bis auf den heutigen Tag behalten, auch wenn sein Inhalt verändert, modernisiert wurde: immer noch repräsentiert das Lesebuch, und speziell das Oberstufenlesebuch der Gymnasien, einen Literatur- bzw. Kulturbegriff, der von einer intakten, geschlossenen gesellschaftlichen Ordnung ausgeht und der den elitären Charakter, den die Geisteswis-

senschaften innerhalb der bürgerlichen Gesellschaft haben, getreulich widerspiegelt. Das Lesebuch entspricht also schon von seiner geschlossenen Form her nicht mehr der auf Kritik und kritische Kontrolle angelegten demokratischen Gesellschaftsform.
Für die Lesebücher der Haupt- und Realschulen und auch der Eingangsklassen der Gymnasien konnte in den vorhergehenden Kapiteln ermittelt werden, daß sie auch inhaltlich nicht den Bedürfnissen dieser modernen Gesellschaft entsprechen. Für die untersuchten Oberstufenlesebücher der Gymnasien, von deren Literaturbegriff heute die Rede ist, gilt allgemein: sie alle bieten für die drei Oberstufenklassen ein gemeinsames Buch an und nicht, wie in allen anderen Klassenstufen, für jede Stufe eines. Daraus ergibt sich eine weitere charakterisierende Beobachtung: die Oberstufenlesebücher fallen aus der Kontinuität mit den ihnen vorausgehenden Unter- und Mittelstufenlesebüchern heraus, werden also nicht konsequent aus diesen entwickelt, sondern stellen eine eigene geschlossene, komplexe Einheit dar. Diese Komplexität aber läßt sich nur herstellen, wo ein fester Literatur- bzw. Kulturbegriff vorlag und dann realisiert wurde in der Anordnung der ausgewählten Texte. Um so leichter läßt sich dieser Literaturbegriff also auch erschließen.
Untersucht wurden: der Lyrik-Band A 11 des Klett-Lesebuchs (ein paralleler Prosaband ist noch in Arbeit), das Lesebuch *fragen* des Bayerischen Schulbuchverlags, *Begegnungen* des Schroedel-Verlags und *Wort und Sinn* des Schöningh-Verlags – also die am weitesten verbreiteten Lesebücher hierzulande. Neben diesen geschlossenen Lesebüchern gibt es noch einige Zusatzbände, die thematisch oder formal Gemeinsames zusammenstellen: bei Schroedel ein Lyrik-Band in den *Texten für den Literaturunterricht*, im selben Verlag drei Bände *Spiele: Fernsehspiele, Hörspiele* und *Moderne Schauspiele;* bei Klett schließlich erscheinen die *Arbeitsmaterialien Deutsch,* Hefte mit Begleitheften, in denen Texte und Kommentare, zum Beispiel zu folgenden Themen, zusammengestellt sind: »Zur Theorie der Literatur«, »Zur Trivialliteratur«, »Zur Soziologie der Literatur«, »Pressesprache«.
Hier sind erste Ansätze, das Lesebuch in seiner überlieferten Form

aufzubrechen und vor allem das theoretische Literaturangebot für die Oberstufe jeweils thematisch gebündelt zu erweitern. Aber leider sind es nur didaktisch unaufgearbeitete Ansätze, die, auch wenn sie mit thematisch geordneten Einzelheften operieren, formal und vor allem inhaltlich das alte Lesebuch lediglich prolongieren. Zudem haben diese Hefte eine äußerst dünne und auch dilettantische Kommentierung – beispielsweise werden in den sogenannten Arbeitsmaterialien *Deutsche politische Lyrik 1814 – 1970 in Vergleichsreihen* ganze 24 Seiten Text angeboten. In einem Nazigedicht wird das Wort »Führer« so erklärt: »Selbstgewählter Ehrenname Adolf Hitlers (20. 4. 1889–30. 4. 1945), seit 1933 Reichskanzler.« Und in dem »Marx«-Gedicht von Günter Kunert, in der Zeile »Es weht wild / die Fahne dieses bedeutenden Bartes«, wird das Wort »Bartes« erhellt mit den Worten: »gemeint ist der üppige Vollbart von Marx«.

Der Klett-Verlag hat zwar erkannt, in welche Richtung sich das alte Lesebuch, sich grundsätzlich auflösend, entwickeln wird, aber Versuche dieser Art stellen keine ersten Fortschritte dar, vielmehr droht die leichtsinnige Marktverwertung einer noch nicht zu Ende gedachten und didaktisch noch nicht verwirklichten Idee Fortschritte, auf Dauer gesehen, zu blockieren oder gar, denkt man an die Konkurrenzlage auf dem deutschen Schulbuchmarkt, zu ruinieren.

Die gängigen Lesebücher des klassischen bzw. antiquierten Genres aber beherrschen einstweilen noch den Deutschunterricht, sofern die Deutschlehrer sich nicht die Mühe machen, das dort angebotene traditionsgebundene Material mit hektographierten Texten zu erweitern – und vielfach arbeiten vor allem die jüngeren Deutschlehrer nur noch vereinzelt mit Texten dieser Lesebücher. Immer wieder hört man ja die Klage, daß es keine thematisch gebundenen Textsammlungen gibt, verbunden mit Kommentaren und informativem Beiwerk, um Schülern und Lehrern die historische Relativierung zu lesender Literatur und damit ihre kritische Wertung zu ermöglichen. Nicht die Texte für sich genommen werden also beanstandet; beklagt wird hier die Methode ihrer Darbietung. Sie ist, wie die Klett'schen *Arbeitsmaterialien Deutsch* zeigen, in nichts unterschieden vom Darstellungsmuster, das sich in den traditionellen Lesebüchern mit ihren erläuternden Lehrerbänden herausgebildet hat.

Prinzipiell unterscheiden sich diese Lesebücher kaum: sie alle sind befangen in einer idealistischen Wertgläubigkeit. Diese bringt sich, etwa in Kletts Lyrikband, beispielsweise so zum Ausdruck: »Maßgebend für die Auswahl ist nicht die historische Vollständigkeit; die Konzentration auf Autoren, die uns heute *wesentlich* erscheinen, gestattet es, deren Werk in solcher Weise vorzustellen, daß die wichtigsten Aspekte deutlich werden. In einigen Fällen ist die Auswahl so umfassend, daß sie einen Überblick über das lyrische Gesamtwerk vermittelt: bei Walter von der Vogelweide, Goethe, Hölderlin, Mörike, Rilke, Trakl, Benn und Brecht. In der Moderne führt die Auswahl bis in experimentelle Bereiche hinein, ohne daß damit gesagt sein soll, es handle sich in jedem Fall um Bleibendes.«

Das ist typisch: an keiner Stelle wird definiert, warum was *wesentlich* sei und an welchen Kriterien gemessen wird, was denn *Bleibendes* eigentlich sei. Die genannten Autoren repräsentieren denn auch schlüssig, was bürgerliche Literatur als *bleibend* erkannt hat – der aktuellen Moderne gegenüber aber versagen offensichtlich die Bewertungsmaßstäbe. Und das besagt schließlich auch, daß sie auch für die traditionelle Literatur versagen und an die Stelle von Maßstäben der literarische Ruhm und das in sich nicht mehr kritikfähige Moment bereits seit langem vollzogener Tradiertheit gesetzt werden. Es bleibt also durchaus alles beim alten. Der angewandte Literaturbegriff entstammt der traditionellen Ästhetik des 18. und 19. Jahrhunderts; unter ihn wird denn auch Bertolt Brecht subsumiert, da man an diesem Autor nun wirklich nicht mehr vorbeikommt. Er wird dem Bestand zugeschlagen, ohne daß auch nur der Versuch gemacht würde, ihn entsprechend seiner ästhetischen Konzeption zum Anlaß zu nehmen, um die alte kanonisierte Ästhetik in Frage zu stellen und neuen ästhetischen Konzeptionen – etwa der materialistischen Literaturtheorie – den Eingang in die Lesebücher zu öffnen.

Charakteristisch für diesen idealistischen Literaturbegriff in den Lesebüchern ist auch die strenge Absonderung der E-Literatur von der U-Literatur, also der für *ernst* und wesentlich gehaltenen von der nur *unterhaltenden* Literatur: hier schlägt die Arroganz der elitären Geisteswissenschaft durch. In dieser wissenschaftsgläubigen Befangenheit ist sie nicht mehr imstande, die Veränderungen der Gesellschaft und ihrer Bedürfnisse wahrzunehmen. Die Bearbeitung von Themen, die zum Beispiel die neuen Richtlinien des Landes Hessen der gymnasialen Oberstufe im Deutschunterricht zur Aufgabe machen: »Wechselbeziehungen zwischen Formen, Inhalten, gesellschaftlichen Verhältnissen; Schriftsteller und Publikum; Vermittlungsinstanzen; Probleme der Subliteratur; Nationalliteratur als soziologisches Problem...« – all dies läßt sich bei Benutzung der gängigen Lesebücher nicht durchführen. Denn Texte, die solchen Aufgaben zur Vorlage dienen, fehlen in den Lesebüchern; sie stellen eben keine bleibenden Werte dar. Z. B. enthält das 312 Seiten starke Lyrik-Buch Kletts nicht einen einzigen Text der Weltkriegs I – Panegyrik und nicht ein Nazi-Gedicht, anderseits aber auch keine aktuelle Underground-Lyrik. Wie aber, muß man sich doch fragen, soll der Schüler diesen historisch und ideologisch fixierten Texten begegnen, wie soll er die seelenlose Reimerei der erstgenannten Kategorie kritisch abschätzen, wenn er nicht mit ihr konfrontiert wird?

Die hier angesprochenen Lesebücher sind durchaus vom alten Gesinnungslesebuch abgerückt, sie sind literarischer und in den Texten moderner geworden. Aber diese Purgation geschah im entschieden idealistischen Sinne. Und das heißt eben wiederum: alles, was sie anbieten, soll nicht der historischen und kritischen Relativierung ausgesetzt, sondern akzeptiert werden; sie stehen auf dem Fundament einer ahistorischen Didaktik.

Das demonstriert das Lesebuch *fragen,* das Kurt Wölfel im Bayerischen Schulbuchverlag herausgegeben hat und das sich vermutlich zu den fortschrittlichsten zählt, sehr deutlich. In seinem Vorwort spricht Wölfel das Problem des traditionellen Lesebuchs mit berechtigter Kritik an. Doch was er als Ausweg daraus vorschlägt und mit seinem Lesebuch vorlegt, ist wiederum von einem idealistischen Literaturbegriff geleitet. Da die Kritik Wölfels noch einmal das diese Untersuchung insgesamt begleitende Motiv zusammenfaßt und sich daran, eben weil es sich um einen der fortschrittlichsten Versuche ahistorischer Didaktik und bürgerlicher Aufklärung handelt, aktuelle Kritik an einem sich für aktuell haltenden Versuch paradigmatisch anschließen läßt, sei aus diesem Vorwort ausführlich zitiert:

»Ein Lesebuch für die Oberstufe der Gymnasien, so lautet eine Überlieferung, die sich hartnäckig am Leben erhält, soll im Zeichen einer Begegnung des Schülers mit der weltüberlegenen Autorität des Geistes stehen. Eine solche Begegnung wird von dieser Überlieferung als ein Vorgang von sozusagen weihevollem Charakter gedacht: ein aus dem Hier und Jetzt ins Hohe und Ewige entrückter Geist sendet durch das Buch seine Botschaft dem lesenden Schüler, von dem erwartet wird, daß er achtungsvoll wie ein Adept der zu ihm sprechenden Stimme lauscht und die vernommenen Worte als die Richtlinien und Leitbilder seines künftigen Lebens annimmt. Will er sich gegen diese ihm zugedachte Haltung sperren und etwa der Rede des Geistes mit kritischer Bedenklichkeit und fragender Widerrede antworten, dann fällt er auf unziemliche, vorlaute Weise aus seiner Rolle; mit einer Botschaft wird nicht diskutiert, man hört ihr zu und nimmt sie entgegen... Diese Bücher schlossen schon ab, wo das Denken einer neuen Generation eben erst einen neuen Anfang suchte. Fertig bot sich in ihnen die Welt von Gedanken geordnet an: von einem idealistischen Gedanken zumeist, und damit auch als eine Welt, *hinter* der zumindest, wenn schon nicht *in* ihr, der Schattenriß einer idealen Ordnung sichtbar war... sie taugten vortrefflich zur Einübung des Schülers in bestimmte, in die jeweils gewünschten Gesinnungen, zu seiner Unterrichtung über bestimmte, über die jeweils zugelassenen Meinungen.«

Daraus folgernd, ergab sich Wölfel und seinen Mitherausgebern die Konzeption ihres Lesebuchs mit dem Titel *fragen*: »Keine Botschaften sollte es enthalten, sondern Antworten, die der kritische Geist auf seine eigenen Fragen zu geben versucht; und nicht den stumm vernehmenden und annehmenden Leser setzten sie voraus, sondern einen, der den Antworten der Texte mit neuen Fragen begegnet, erwarten sie. Deshalb waren die Herausgeber darauf bedacht, an Stelle müde gewordener Meinungen, die den Streit mit der Wirklichkeit begraben haben, an Stelle eines Denkens, das der Unruhe abgesagt hat und einlädt, sich mit zur Ruhe zu begeben, in diesem Lesebuch vielmehr dem Geist Platz und Stimme zu erteilen, der Unruhe als ein Lebenselement begreift, dem drängenden, weitertreibenden Geist, der das jeweils Erreichte in Frage zu stellen und zu überholen für seine Pflicht hält.« In der Tat ist das Lesebuch *fragen* eine Sammlung aufklärerischer literarischer und theoretischer Texte, die in solcher Häufung in keinem der angegebenen Lesebücher zu finden sind; aber es sind mit wenigen Ausnahmen sämtlich Texte im Gefolge der bürgerlichen Aufklärung bis hin zu Adorno, jener Aufklärung also, die Ideologie und Überbau der bürgerlichen Gesellschaft fundamentiert – in jedem Falle also wieder idealistisch. Doch der entscheidende Mangel dieses Lesebuches ist die Tatsache, daß wiederum alle Texte bzw. Auszüge aus umfangreicheren Texten ohne jede Kommentierung nebeneinander gestellt werden: historische Relativierung wird auch hier als didaktisch ausgebildetes Prinzip nicht realisiert. Im Gegenteil: was Wölfel an den traditionellen Lesebüchern mit Recht kritisierte, verwirklicht er selbst, nur auf anderem Niveau – ähnlich wie in dem Lesebuchentwurf von Glotz und Langenbucher »Versäumte Lektionen« wird massiert jene Literatur angeboten, die in den traditionellen Lesebüchern weithin ausgespart blieb.

Wesentliches wurde also zwar nachgeholt: die didaktische Grundlage jedoch hat sich nicht verändert. Der Literaturbegriff, den all diese Lesebücher in ihrer Auswahl realisieren, bleibt ein idealistischer. Der aber ist prinzipiell anti-emanzipatorisch: das alte zu Glaubende wird nur durch ein neues zu Glaubendes abgelöst, auch wenn es mit dem Etikett *fragen* versehen wird. Fragen aber, kritisches Infragestellen muß in einer Didaktik vorentwickelt werden zur Methode, die sich auf alle, auch die traditionellen Texte und jene einer ideologieträchtigen bzw. nur unterhaltenden Literatur anwenden läßt. Immer wieder aber soll dieses kritische Fragen bereits dadurch provoziert werden, daß man es an modernen Texten erproben läßt, die ohnehin schon die kritischen und fragenden Elemente enthalten – die traditionelle Literatur bleibt weiterhin unbefragt.

Übereinstimmend moniert Elke Kerker in dem von Peter Braun herausgegebenen Band *Neue Lesebücher – Analyse und Kritik* anläßlich einer Untersuchung des Lesebuchs *Wort und Sinn:* »Dichtung, vor allem die Dichtung der Klassiker, ist ein schöpferischer Akt, der auf irrationaler Basis von einem begnadeten Individuum geleistet wird. Die Loslösung der Kunst aus der Gesamtheit menschlicher Tätigkeit verweist auf ihre Einzigartigkeit.«

So wird ein Begriff wie ›Klassik‹ nicht als *Sachbegriff*, sondern als *normativer Wertbegriff* verwendet. Expressionismus wird typologisch als ekstatisch-emotionale Dichtung vorgeführt und aus der historischen Situation gelöst. Wie sehr historisch vermittelt der Expressionismus tatsächlich ist und zu welchen Erkenntnissen man über ihn zu gelangen vermag, wenn man die expressionistische Literatur historisch relativiert, macht z. B. Georg Lukács' Aufsatz »Größe und Verfall des Expressionismus« deutlich: materialistische Methode aber erfordert, daß in den Lesebüchern nicht nur der zu analysierende Text, sondern auch das Material des historischen und sozialen Kontextes geliefert wird. Solange die Literatur davon rein gehalten wird, kommt sie über die Prolongation des in ihr versammelten bürgerlichen Idealismus nicht hinaus.

Typisch für dieses idealisierte Bild der Literatur, das die gängigen Lesebücher vermitteln, ist auch die Aufnahme moderner Literatur: Es ist in den meisten Fällen die Literatur der fünfziger Jahre mit den Schwerpunkten Benn und Brecht und jenen Texten einer weithin apolitischen Haltung, die von den Verfassern inzwischen längst aufgegeben ist: Enzensberger und Martin Walser etwa, wie sie heute in den Lesebüchern präsentiert werden, würden sich selbst heute nur noch als museal dort vertreten einschätzen.

»Der Rückzug des Schönen auf sich selbst läßt keine Vermittlung zu...« heißt es in Marie Luise Gansbergs und Paul Gerhard

Völkers *Methodenkritik der Germanistik*. Eben die Vermittlung kritische Denkfähigkeit aber ist vorrangig Sinn und Zweck des sich als gesellschaftliche Institution verstehenden Deutschunterrichts; solange diese Vermittlung aber mit Hilfe von Lesebüchern der gängigen, hier charakterisierten Art versucht wird, solange also der in ihnen realisierte idealistische Literaturbegriff zum Inhalt des Vermittlungsauftrages gemacht wird, bleibt die Vermittlung im Zirkel stecken, setzt sie kritisches Fragen, das sie aus diesem Zirkel herausführen könnte, nicht in Gang, bleibt sie also, auf ihre eigenen Voraussetzungen zurückgeworfen, traditioneller Ästhetik und damit einem traditionell antisozialen und apolitischen Idealismus verhaftet. Das deutsche Lesebuch also, wie es an deutschen Schulen vertreten ist, bleibt ein Instrument der bürgerlichen Affirmation und Anpassung, ein Instrument auch der technokratischen Integration, ein Instrument klassenfixierender Privilegierung – es ist antiemanzipatorisch.

7. Didaktische Überlegungen zu einer künftigen Lesebuchpraxis

Im ersten Teil dieses Buches wurde versucht, den Bestand der gängigen Lesewerke kritisch zu sichten, typologisch zu fixieren und das von ihnen vermittelte Verständnis von Gesellschaft im weitesten Sinne zu erhellen. Im zweiten Teil wird nun das Wagnis unternommen, der kritischen Analyse des Bestehenden eine vorausschauende Synthese erhoffter künftiger Lesebuchpraxis folgen zu lassen. Diese Synthese versteht sich naturgemäß nicht als abgeschlossene Didaktik des Lesebuchs, sondern als Entwurf. In ihm sollen die Erfahrungen aus dem Umgang mit den etablierten Lesewerken, mit verschiedenen didaktischen Konzeptionen reaktionärer bis sozialistischer Provenienz und Erkenntnisse einer Neuorientierung nicht nur des Deutschunterrichts, sondern des gesamten Schulsystems zusammenfließen.

In diesem Sinne ist die versuchte Synthese wiederum nicht mehr als eine These, die auf Widerspruch aus ist. Es kommt darauf an, einen dialektischen Erkenntnisprozeß in Gang zu setzen, den die neu zu konzipierende Lesewerkpraxis nicht beendet, sondern der weiterhin mit der Absicht ständiger Revision die entstehenden Lesewerke begleitet. Der Idealtypus solcher Lesewerke wäre die Loseblatt-Sammlung als eine Art Arbeitsheft mit durchschossenen Leerseiten, ständig zu ergänzen und dem kritischen Stift der Schüler ausgesetzt.

In Konsequenz dieser Vorüberlegung soll hier künftig also nicht mehr vom ›Lesebuch‹ die Rede sein, sondern, in öffnendem Sinne gesprochen, von Lesewerken oder, spezieller, von Leseheften. Denn das Lesebuch als geschlossenes Lesewerk ist das Relikt einer traditionellen Bildungssituation, die sich ihrer zu überliefernden Werte noch gewiß war. Der formale Aspekt der Geschlossenheit signalisiert also einen Gesellschaftsbegriff, den die Klassengesellschaft des 19. Jahrhunderts realisiert hat. Obgleich er in Überbleibseln wie dem Lesebuchprinzip überlebte, stimmt dieser formale Aspekt mit der gegenwärtigen gesellschaftlichen Realität nicht mehr überein. Auch die Dreiklassenschule gehört zu diesen einer Revision und Reformation hochbedürftigen Relikten: die Hauptschule für die Arbeiter, die Realschule für die Angestellten und das Gymnasium für die Eliteklasse sind gegeneinander zu undurchlässig, als daß sie, wie vielfach von unserer gesellschaftlichen Realität behauptet wird, Chancengleichheit überhaupt ermöglichten.

Es ist also deutlich zu machen, daß die hier anzustellenden Überlegungen hinsichtlich neuer Lesewerke für den Deutschunterricht im sehr viel umfassenderen Zusammenhang als nur dem einer Revision des Deutschunterrichts gesehen werden müssen. Denn mit der notwendigen Umstrukturierung des gesamten Schulsystems wird auch der Deutschunterricht eine Veränderung des Gewichts im Kanon aller anderen Fächer erfahren müssen. Die historische Rolle des Deutschunterrichts seit der Mitte des 19. Jahrhunderts war für die Schule, die einer auf Nationales sinnenden Gesellschaft diente, ganz und gar zentral: nationale Sprache und nationale Literatur waren die Transportmittel nationaler Gesinnung – der Deutschunterricht als so gearteter Gesinnungsunterricht erfüllte konsequent die ihm von der Gesellschaft übertragene Funktion. Das Lesebuch dieses Unterrichts war das traditionsbewußte, nationalen Stolz und Wert fixierende Gesinnungslesebuch.

Die Gesellschaft, der dieser Deutschunterricht und dieses Lesebuch genuin entsprachen, ist einer pluralistisch organisierten und liberal orientierten Gesellschaft mit einem grundsätzlich demokratischen Selbstverständnis gewichen. In dieser Gesellschaft werden tradierte Werte nicht mehr unbefragt akzeptiert und fortgelebt. Programmatisch – und weithin auch sozial und politisch real – löst den Irrationalismus der Rationalismus ab, an die Stelle des ahistorischen Fatalismus setzt sich die Erkenntnis von der Veränderbarkeit der Verhältnisse, der philosophische Idealismus wird verdrängt vom philosophischen Materialismus, und der Glaube an ein harmonistisches Weltbild weicht der Einsicht in die Mobilität, ja Widersprüchlichkeit der erfahrenen Wirklichkeit. Für eine so sich neu begreifende Gesellschaft sind nicht mehr Gehorsam, unbedingte Autoritätsgläubigkeit, nationale Beschränkung und zweifelsfreies Vertrauen in die Obrigkeit die Erziehungsziele der Schule. Die Schule einer demokratischen Gesellschaft dient zuallererst dem Kind, der Entwicklung seiner Imaginativität und Spontaneität, d. h. seiner geistigen Unabhängigkeit, die Freientscheidungen ermöglicht; sie weckt kritisches Denken und Zweifeln, erzieht also auch zu kritischer Distanz und Weltoffenheit. Zudem versteht sich diese Gesellschaft nicht mehr als nationale, sondern als soziale, d. h., sie behandelt prinzipiell alle ihre Mitglieder gleich, was sich für den hier erörterten Bereich im Grundsatz der Verpflichtung zur Gewährung von Chancengleichheit ausspricht.

Hat der Deutschunterricht aufgrund solcher veränderter gesellschaftlicher Verhältnisse und Projektionen nun nicht mehr die zentrale Funktion der Vermittlung nationaler Werte, dann müßte sich für seine Zukunft konsequenterweise ergeben, daß er

1. die Funktion, gesellschaftlich orientierter und orientierender Mittelpunkt im Fächerkanon zu sein, abgibt an neue Fächer wie Weltkunde, Arbeitslehre und Sozialkunde, und

2. eine stärkere sozialpädagogische Aufgabe wahrnimmt, d. h. zum Beispiel, daß er die Voraussetzung für eine Realisierung der propagierten Chancengleichheit schafft, indem er die milieubedingten Sprachbarrieren beseitigt, die für die Ausbildung in fast allen Fächern hinderlich sind.

Insofern wird aus dem alten ideologieträchtigen zentralen Gesinnungsfach Deutsch ein im wesentlichen pädagogisch ausgerichtetes Grundlagenfach, das methodisch zu Lern- und Kritikfähigkeit, zu Erkenntnis- und Artikulationsfähigkeit erzieht – zu Fähigkeiten also, die dem Schüler für den gesamten Schulbereich förderlich sind und die schließlich auch die gesellschaftliche Realität, in der er sich dann zu etablieren hat, für ihn zugänglicher, weil durchschaubarer machen.

Ein so verstandener Deutschunterricht erfüllte seine gesellschaftliche Funktion, ohne selbst zum bloßen Gesellschaftsunterricht zu denaturieren. Er wäre nicht ideologisches Kern- oder Mittelpunktsfach, sondern zum einen Grundlagenfach, das Zulieferdienste leistet, und zum anderen als Literaturunterricht Sachfach. Womit die Bedeutung des Deutschunterrichts, wie manche befürchten, nicht gemindert wird – er muß ja beide Aufgaben in gegenseitiger *methodischer* Bezüglichkeit und einer aufeinander bezogenen *Praxis* bewältigen; in dieser Projektion findet lediglich eine Umverteilung seiner Gesamtlernziele statt und damit eine Neubestimmung seiner sozialen Funktion.

Deutschunterricht als Sprach- und Literaturunterricht wird hinsichtlich seiner sozialen Aufgabe immer entschiedener als ein ›kritischer Deutschunterricht‹ verstanden und gefordert. Hubert Ivo, dessen programmatische Schrift *Kritischer Deutschunterricht* 1969 erschien, definiert ihn so: »Das Wort ›kritisch‹ im Zusammenhang mit dem Deutschunterricht kann heute nicht als freundlicher Schnörkel, als Vehikel verstanden werden, das in schöner Unschuld die Vorstellung transportiert, mit der Pflege abendländischer Tradition könne die ›Fähigkeit zur Unterscheidung‹ – oder wie immer philologische oder historische Gelehrsamkeit kritisches Bewußtsein definiert – erzeugt werden. ›Kritischer Deutschunterricht‹ kann nur heißen, Schülern durch das Medium der Beschäftigung mit Sprache und Literatur zu helfen, *sich selbst im Handlungszusammenhang gesellschaftlicher Vermittlungsprozesse zu verstehen*. Das intendierte Selbstverständnis ist nicht zu gewinnen, wenn sich die Gedanken in diesem Unterricht in einer hehren Sphäre gesellschaftsfreier Ideale und Werte, die der Sprache und Literatur angeblich ›an sich‹ eignen, bewegen, wenn die Legitimation der aus ihnen abgeleiteten Normen nicht von ihren Bedingungen her problematisiert wird. Es ist nur zu gewinnen, *wenn die Ausbildung und Förderung sprachlicher und ästhetischer Sensibilität als eine Form gesteigerter Wahrnehmungsfähigkeit auf die kulturelle und gesellschaftliche Wirklichkeit der Gegenwart bezogen ist.*«

Was Ivo hier fordert, glaubte der Lesebuchdidaktiker Hermann Helmers bereits mit der Ablösung traditioneller Literatur durch moderne Literatur erreicht zu haben.

Inzwischen jedoch ist deutlich geworden, daß Helmers' didaktischer Grundsatz, wie die vergangenen Analysen gezeigt haben, trotz seiner schnellen und allgemeinen Verbreitung und Verwendung auf die Zusammenstellung neuer Lesebücher von der grundsätzlichen Problematik ablenkt und die in ihr zu stellenden Fragen eher verdeckt als löst.

In Ivos Konzeption ist Literatur nicht mehr, wie bei Helmers allzu notdürftig verdeckt, nur Selbstzweck, sondern wird Mittel zum Zwecke der kritischen Selbstverständigung des Schülers in einer für ihn mit zunehmendem Alter immer größer und komplizierter werdenden Umwelt. Und wo sich an Helmers' Hinweis auf die Technik als ein wesentliches Element modernen Weltverständnisses, das sich in moderner Literatur ausspreche, der Verdacht aufhängen läßt, daß nach seinem Konzept der Deutschunterricht vor allem auch Integrationsfunktionen hat und die Schüler einer technokratisch sich definierenden Leistungsgesellschaft anzupassen bemüht ist, hält Ivo konsequent an der emanzipatorischen Aufgabe des Deutschunterrichts fest: »Seine kritische Funktion wird der Deutschunterricht allerdings... nur wahrnehmen, wenn deutlich wird, daß die Beschäftigung mit Sprache und Literatur die Schüler nicht – wenn auch auf noch so sublime Weise – den Kontrollansprüchen der Gesellschaft unterwirft, sondern sie in emanzipatorischer Absicht zu kritischer Reflexion befähigt.«

Auch Ivo weist darauf hin, daß nicht nur der Deutschunterricht, sondern das gesamte Schulsystem einer Reformierung bedarf, um solchen, schließlich auch jedes andere Fach betreffenden allgemeinen Zielen gerecht zu werden. Allgemein hatte Hans-Jochen Gamm 1970 in seiner höchst lesenswerten Streitschrift *Kritische Schule* hinsichtlich einer prospektiven Didaktik gefordert: »Es käme heute darauf an, eine Didaktik des Inkommensurablen zu entwerfen, die eine pädagogische Übersetzung der sozialen Widersprüche unserer Zeit ist. Die Unordnung als Voraussetzung eines erst damit zu schaffenden Ausgleichs könnte zu einem produktiven Prinzip werden, weil sie ein zur jeweiligen Gegenwart distanzierend sich verhaltendes Bewußtsein aufzubauen hilft.« Dieses Postulat, in dem die Ziele der gesamten kritischen Aufklärung der letzten Jahrzehnte enthalten sind, hätte sich in seiner sozialpädagogischen Verpflichtung gerade der Deutschunterricht als Zielvorstellung anzueignen.

Umgestaltung der Schule – Neuorientierung des Deutschunterrichts – Entwicklung neuer, allgemeiner und spezieller Didaktik und Lernzieldefinition entsprechender Lesewerke: alle drei sind unabhängig voneinander nicht zu sehen und schon gar nicht je einzeln zu realisieren, wobei schließlich die zu konzipierenden Lesewerke lediglich signalisieren, in welchem Maße sich tatsächlich prospektive Erkenntnisse gegenüber opportunistischen Detailverbesserungen durchgesetzt haben. Demnach sind die Lesewerke sowohl Anzeichen für den fortgeschrittenen Stand der Schulsituation allgemein als auch Mittel zu ihrer Realisierung und weiteren Behauptung; als solche aber sind sie nur ein Teil des Unterrichts, und künftig möglicherweise nicht einmal mehr der zentrale seiner Praxis. Denn nicht als ganz bestimmte Texte sind ihre Inhalte wichtig, sondern als Objekte einer unter spezieller pädagogischer Absicht stehenden Betrachtung: Literatur wird nicht als Selbstzweck und Selbstwert, sondern als Funktion und Bezugsträger aufgesucht und angewandt. Unter solchen allgemeinen wie speziell aufs Fach bezogenen didaktischen Voraussetzungen muß jede Überlegung hinsichtlich einer neu zu entwickelnden Lesewerkpraxis angestellt werden. Und eben dies soll in den folgenden Kapiteln, die sich als offene Vorschläge zur Lesepraxis verstehen, geschehen. Dort wird versucht, die gemachten analytischen Erfahrungen und daraus abzuleitende didaktische Erkenntnisse auf eine mögliche Lesewerkpraxis zu beziehen, also wenigstens im Umriß Realisierungsmöglichkeiten anzubieten.
Mir schwebt als Realisationsort solcher Vorschläge eine ganztägige Gesamtschule vor, die zu den einzelnen Erziehungs- und Abschlußstufen eine größtmögliche Durchlässigkeit hat – eine Vorstellung, die mit Sicherheit in den siebziger Jahren hierzulande nicht durchzusetzen ist. Was aber nicht bedeutet, daß das relative Detailproblem ›Lesewerke für den Deutschunterricht‹ nicht bereits unter der theoretischen Maßgabe dieser Schulprojektion angegangen werden könnte. Halbheiten für den Übergang von der bestehenden zur projektierten Schule sich auszudenken, kann nur zu solchen falschen Notlösungen führen, wie sie einstweilen das literarisierte Lesebuch entsprechend Helmers und der Didaktik Erika Essens darstellen.

Abgeschlossene didaktische Systeme kann ich ohnehin nicht liefern – sie sind auch nicht im Sinne der zu entwickelnden Projektion; hier geht es darum, die realisierbaren Möglichkeiten so prospektiv wie möglich auszulegen.

8. Kritisches Lesen lernen

Im siebenten Kapitel mit seinen allgemeinen didaktischen Überlegungen stand im Mittelpunkt die Erkenntnis, daß der Deutschunterricht in der nachnationalen pluralistischen Gesellschaft keine zentrale, ideologisch zementierte Position mehr innehaben könne, daß er jedoch als Grundlagenfach sprachlicher und kritischer Ausbildung wesentliche Zulieferdienste für fast alle anderen Fächer zu leisten habe. Vor allem der Abbau milieubedingter und sozialer Entwicklungsschranken gehört zu seinen Aufgaben. Im gleichen Maße reduziert sich auch die Bedeutung des Lesewerks für den Deutschunterricht. Erforderlich wird die Ausbildung neuer Formen von Lesewerken, die Literatur in einer neu gewonnenen Bedeutung und in einem neu zu entwerfenden Umgang behandeln. Darüber wird noch zu reden sein.
In diesem Kapitel soll es vor allem darum gehen, einen Begriff, der in der Lesebuchdiskussion immer wieder aufgegriffen wird und der zum Teil im Sinne einer bestimmten Ideologie auf vorverständliche Ressentiments trifft, zu untersuchen und zu fragen, auf welche Weise und ob überhaupt durchs Lesebuch sein Inhalt zu vermitteln ist. Ich meine den Begriff ›kritisches Lesen‹, in dem speziellere und didaktisch fixierte Begriffe wie distanzierendes und antizipierendes Lesen mit enthalten sind; beides sind methodische Begriffe zur Bestimmung des Wegs, auf dem man zu dem allgemeinen, nicht nur auf den Deutschunterricht bezogenen Lernziel ›kritisches Lesen‹ kommen möchte.
Kritisches Lesen lernen – das bedeutet, als ein positives Ergebnis dieses Lernprozesses, die Fähigkeit, kritisch fragen zu können. Aus dieser Konsequenz heraus hatte der Erlanger Germanist Kurt Wölfel den Oberstufenband des mit dem Titel *lesen* versehenen Gymnasiallesebuchs des Bayerischen Schulbuchverlags *fragen* genannt und dafür die Begründung geliefert:
»Die kritische Vernunft, die Satz und Gegensatz, Spruch und Wi-

derspruch zu umgreifen und zu ertragen vermag, die sich dem Bestehenden widersetzt und dem Machtspruch nicht unterwirft, die alles vom Menschen Geschaffene in seiner Fragwürdigkeit festhält: sie hat in diesem Lesebuch das Wort, und sie benutzt es dazu, unterscheidend und prüfend, erkennend und wertend der problematischen Existenz des Menschen nachzugehen, der Natur, die ihm gegeben ist, und der Welt, die er sich in ihr eingerichtet hat, den Bedingungen, unter denen er gelebt hat und unter denen er heute lebt, den Möglichkeiten, die ihm noch, und jenen, die ihm nicht mehr geboten sind, seiner Wahrheit und seinen Lügen, seinen Hoffnungen und seinen Illusionen, seiner Bestimmung und seiner Unbestimmtheit.«

Warum aber, muß man hier fragen, hat der größte Teil der hierzulande gängigen Lesebücher einer solchen programmatisch artikulierten Konzeption des kritischen Lesens und Fragens bislang standhaft widerstanden? Bereits 1965 hat, von anderer Warte aus, der Soziologe Ralf Dahrendorf in seinem Buch *Gesellschaft und Demokratie in Deutschland* anläßlich des Begriffs ›die deutsche Frage‹ in weiterem Umfange Fragen gestellt und Begründungen gegeben, die auch für die spezielle Bedeutung des Deutschunterrichts und seines Hilfsmittels Lesebuch von einigem Erkenntniswert sind. Da heißt es gleich zu Anfang: »So wird die ›deutsche Frage‹ beinahe unvermerkt zu einer Frage der Deutschen an die anderen, und manches gerät in möglicherweise willkommene Vergessenheit: daß es zum Beispiel eine Frage der anderen an die Deutschen gibt, vor allem aber, daß es einem Volk nicht übel ansteht, auch Fragen an sich selbst zu richten. – Welches sind eigentlich die Fragen, die wir Deutschen an uns selber stellen? ... Das deutsche Interesse gilt nicht der eigenen Gesellschaft und der inneren Politik, sondern dem äußeren Kräftegefüge der Weltpolitik und seiner Bedeutung für die eigene Nation. Deutsche Sorgen sind nicht sozial, sondern national. – Das ist nicht erst seit dem Ende des Zweiten Weltkrieges so, und es ist ein Sachverhalt mit mancherlei Voraussetzungen und Folgen. Nationale Fragen sind nun einmal in sehr viel stärkerem Maße Fragen an andere als soziale Fragen. Auf soziale Fragen gibt es in der Regel Antworten, für die die Fragenden zuständig sind; die Zuständigkeit für die Lösung nationaler Fragen aber läßt sich leicht von der Hand weisen. Andererseits geht die innere Trennung eines Volkes durch nationale Fragen tiefer als selbst die Trennung durch die ›soziale Frage‹ im Zeitalter der Industrialisierung. Uneinigkeit in sozialen Fragen läßt sich politisch fruchtbar machen; sie führt zur Auseinandersetzung und zur Reform; selbst als Revolution noch hat sie einen erkennbaren Sinn, wenn sie diesen auch als solche verfehlen muß. Uneinigkeit in nationalen Fragen ist demgegenüber ein Kampf absoluter Ansprüche ... Die unbekannte Gesellschaft ist also selbst eine Version der deutschen Frage: Warum haben die Menschen in Deutschland so wenig Sinn für die Ereignisse und Schwierigkeiten ihrer sozialen Umwelt? Warum konzentrieren sie so wenig Energie auf die Bewältigung der Gesellschaft, die doch viel unmittelbarer den einzelnen betrifft als die Gespinste der ›Vergangenheit‹, der ›Zukunft‹, der ›Nation‹?«

Dahrendorfs mentalitäts- und sozialpsychologische Feststellungen demonstrieren einerseits, in welchem historischen und entwicklungsgeschichtlichen Kontext der traditionelle Deutschunterricht und seine keineswegs auf fragende Empfänger bzw. Leser abgestellten Lesebücher zu sehen und zu bewerten sind, und weisen andererseits in eine Richtung, in die die gesamte Schule sich zu bewegen hat. Hans-Jochen Gamm hat, wie bereits ausgeführt wurde, mit seiner ›Streitschrift für die Emanzipation von Lehrern und Schülern‹ *Kritische Schule* diese von der Seite aufgeklärter Soziologie kommende Anregung für die Schule aufgenommen. In diesem Zusammenhang, so war festzuhalten, hat der Deutschunterricht seine nationale Verpflichtung zugunsten einer sozial relevanten aufgegeben, ohne selbst zum unmittelbaren Gesellschaftsunterricht zu werden. Wird doch ein Begriff wie ›Gesellschaftsunterricht‹, wofern er mit dem Begriff ›emanzipatorisch‹ verbunden steht, nur allzuleicht als ideologische Indoktrination sozialistischer Provenienz mißverstanden. Aber darum eben geht es ja gerade: den alten Gesinnungsunterricht ›Deutsch‹, der handfeste ideologische, nämlich nationalistische Indoktrination betrieben hat, durch kritisches Lesen lernen, und das heißt: Befragen lernen, davor zu bewahren, nun erneut zum Gesinnungsunterricht zu verkommen. Es ist nichts geholfen für den Prozeß, fragende Schüler und kritische Menschen auszubilden, wenn man die nationalistische Indoktrination kurzerhand durch die sozialistische ersetzt.

An dieser Stelle ist es angebracht, einen Blick auf die Lesebücher der DDR zu lenken, die konsequent von einem sozialistischen Gesellschaftsbegriff geprägt sind. Sie zeigen, daß sozialistische Indoktrination nicht entfernt etwas mit dem zu tun hat, was hier mit dem Begriff ›Kritisches Lesenlernen‹ gemeint ist: im Gegenteil. Noch viel entschiedener als die Krisenprodukte hierzulande sind die Lesebücher dort abgestellt auf das fragenlose Einpassen des Schülers in die sozialistische Gesellschaft. Doch auch dort gibt es die Diskrepanz zwischen der didaktischen Überlegung und dem Produkt Lesebuch: wo in der Didaktik von der ständigen Veränderbarkeit des Menschen die Rede ist, und damit also auch von der Veränderbarkeit der Gesellschaft, sind die Lesebücher – vor allem jene für die ersten vier Schuljahre – massiv auf ideologische und staatliche Anpassung aus, verständlich, wenn Ideologie und Staat so identisch sind wie in der DDR. Günther Cwojdrak schreibt in seinem Buch *Lesebuch und Weltbild – Literatur im Klassenzimmer:* »Unsere Lesebücher enthalten nicht den barbarischen Anspruch, daß es nur auf eine Weise möglich sei, Mensch zu sein, sie beharren aber zugleich auf einem humanistischen Bild des Menschen, auf der ›Förderung der Humanität‹, wie sie schon Herder verfochten hatte. In unseren Lesebüchern finden sich keine metaphysischen Spekulationen über ›das ewige Sein des Menschen‹, keine Jenseits-Illusionen. Das Bild des Menschen in unseren Lesebüchern ist diesseitig, ist gesellschaftlich bestimmt, ist historisch und sozial konkret... Unsere Lesebücher zeigen, daß der Mensch nicht ein ›ewig gleichbleibendes Wesen‹ ist, sie geben vielmehr Beispiele dafür, daß der Mensch veränderbar ist entsprechend den ökonomisch-sozialen Bedingungen, die durch ihn selbst geschaffen werden. Schon die Texte aus unseren Lesebüchern über den Menschen in seiner Beziehung zur Arbeit machen den Unterschied zwischen kapitalistischen und sozialisti-

schen Produktionsverhältnissen, die unterschiedliche Auswirkung auf den Menschen deutlich. Im Prozeß der Arbeit verändert der Mensch nicht nur die Natur, sondern auch sich selbst, reale Möglichkeiten der Selbstverwirklichung sind entstanden... Unsere Lesebücher stellen die Frage nach dem Menschen, und sie geben Antwort darauf, abwägend, vergleichend, nachprüfbar, in der Welt des Menschen bleibend.«
Tatsache aber ist, daß die Lesebücher der DDR keine Fragen stellen und auch nicht zum Befragen der Gesellschaft und ihrer Prinzipien auffordern, sondern – und dies am eindringlichsten in den wichtigen ersten vier Schuljahren – die Schüler mit Antworten bereits so zudecken, daß kritisches Fragen überhaupt nicht mehr möglich wird. Das Lesebuch der Klassen 1 bis 10 des Volk- und Wissen-Verlags Berlin liefert dafür die Belege: es ist der typische Fall eines Gesinnungslesebuchs alten Stils und alter Methode, in dem nun die neue, hinsichtlich kritischen Denkens, Lesens und Lernens durchaus unnachgiebige Ideologie vermittelt wird. Emanzipatorische Texte mit der Funktion, gestützt auf historische Kentnnis und gesellschaftlich relevante Offenheit über das kritische Lesenlernen kritisches Denken und Fragen einzuüben, fehlen; die geschlossenen Texte, die Anpassung und Integration bewirken, überwiegen; antizipierende Texte sind insofern integrativ, als sie stets nur einen Schritt weiter gehen auf dem Wege zur ideologischen Identifikation. Statt distanzierendes Lesen werden vorwiegend identifizierendes und – schärfer formuliert – disziplinierendes Lesen geübt: in der Kameradschaft der Zehnjährigen spiegelt sich die Entscheidung fürs Volk bzw. die Nation oder die Gesellschaft, die über allen steht. Der Personenkult findet seinen Niederschlag in den legendenbildenden Geschichten um Marx und Lenin, die so zu unantastbaren Größen werden; aber auch um Ulbricht, Pieck u. a., um die herum die erzählende Legende einen geradezu wieder mythischen Schleier der Vorbestimmung gelegt hat. Die alten Gesinnungstopoi tauchen wieder auf: das Freund-Feind-Schema und die harmonistische, nur vom Feind gestörte, im sozialen Bereich aber konfliktlose Welt innerhalb des eigenen geschichtlichen und gesellschaftlichen Raums.

Pauschalierung und Verharmlosung, so von Anfang an vermittelt, lassen kritisches Fragen nicht aufkommen. Imaginativität und Kreativität verenden in den Kanälen des gesellschaftlichen Programms. Kritisches Fragen findet dort keine Möglichkeit, sich zu entwickeln, wo selbst das revolutionäre Element entweder nur noch historisch, was die eigene Gesellschaft, oder bis zur Verleumdung aggressiv, was die als feindlich ausgewiesenen Gesellschaftssysteme angeht, vermittelt wird; so hat, ginge es nach den Lesebüchern, die DDR einen geschichtslosen, weil nun unveränderbaren Zustand erreicht, der nicht kritisiert, sondern – und dies durchaus aggressiv abschirmend – nur ausgebaut werden darf. Die Geschichte »Junge Revolutionäre« von Fritz Lotz aus dem Lesebuch der 3. Klasse demonstriert als krasses Beispiel dieses Gesellschaftsbewußtsein: »Andreas hat viel von kühnen Revolutionären aus früherer Zeit gelesen. Er hat spannende Filme über sie gesehen, Hörspiele im Radio gehört und sich eine Mappe mit Bildern aus Zeitungen und Zeitschriften dazu angelegt. Im Kampf gegen die Faschisten vollbrachten diese Revolutionäre viele Taten. – Andreas will auch so kühn und mutig werden wie sie. Leider handelt er dabei oft zu leichtsinnig und unüberlegt. Er klettert auf die höchsten Bäume, läuft mit geschlossenen Augen auf dem Schwebebalken und springt auf dem Hof vom Dach des Geräteschuppens. Ja, so ›kühn‹ ist Andreas schon geworden! Doch nicht genug damit, daß er sich oft unnötig in Gefahr bringt, er vergißt dabei auch häufig seine Pflichten, zum Beispiel das Lernen.«

Bereits diese beiden Absätze, mit denen das Lesestück beginnt, enthalten genügend disziplinierende Elemente, die an den bundesrepublikanischen Lesebüchern mit Recht kritisiert werden: sie beschneiden die freie Beweglichkeit des Kindes, auf die es gerade den frühen Lernzielen anzukommen hätte, und realisieren für die Kinder nahezu total die Rollenerwartungen der Erwachsenen, also die Rollenerwartung der Gesellschaft. In diesem Sinne geht die Geschichte dann auch weiter. Die Rollenerwartung revolutionären Verhaltens nach außen, dem Feind gegenüber, wird nach innen umgepolt in gesellschaftskonformes und leistungsorientiertes Wohlverhalten. An-

dreas, der die Revolutionäre liebt und imitiert, wird vom Genossen Weber gefragt, ob er einen Revolutionär kennenlernen will. Daraufhin wird Andreas in einen Betrieb geführt, im arbeitenden Genossen wird ihm der Revolutionär präsentiert: Revolution ist nun die Erhaltung und Konservierung des einmal Erreichten – Trotzkijs Idee von der ›permanenten Revolution‹ als einer ständig sich und das Erreichte in Frage stellenden Progression hat da keinen Platz. Der Text fährt fort: »Als sie zurückgehen, legt Harald den Arm um die Schulter von Andreas und sagt: ›Ja, das, worum die Revolutionäre damals kämpften, ist bei uns in der Deutschen Demokratischen Republik Wirklichkeit geworden. Wir setzen ihr Werk fort. Revolutionär sein heißt heute: darum ringen, daß der Frieden erhalten bleibt, die Verteidigungsbereitschaft erhöhen, damit niemand es wagt, uns und unser sozialistisches Land anzugreifen, und alle Kräfte zur Stärkung unserer Republik einsetzen. Wenn unsere Bagger gut und preiswert sind, können wir sie in viele Länder verkaufen. Und je mehr wir verkaufen, um so größer ist der Gewinn für unsere Republik. Außerdem ist dabei noch etwas von Bedeutung: Die Arbeiter in den anderen Ländern kennen die Bezeichnung ›VEB‹, und sie sagen: ›Seht, dieser moderne Bagger kommt aus der Deutschen Demokratischen Republik!‹ Dadurch wächst ihre Achtung vor unserer Arbeit und vor unserem Staat!‹ Andreas nickt.« Und Harald belehrt Andreas und mit ihm alle Drittklässler mit dem Schlußsatz: »...Revolutionär sein heißt heute auch: kühne Gedanken mutig in die Tat umsetzen, heißt lernen, lernen und nochmals lernen!«
Lernen also heißt die Parole, und die kühnen Gedanken, von denen da die Rede ist, bewegen sich allenfalls in dem schmalen Spielraum jener Rollenerwartung, die die ideologisch so bestimmte Gesellschaft produziert.
Es scheint also, als ließe sich kritisches Lesen lernen nicht realisieren in einer monistischen, ideologisch einheitlich fixierten Gesellschaft, als sei es eine der Möglichkeiten, aber auch eine der konstituierenden Eigenschaften einer sich pluralistisch verstehenden offenen demokratischen Gesellschaft. Nur in ihr bleiben, wofern sie ihren demo-

kratischen Auftrag ernsthaft zu verwirklichen bestrebt ist, die Chancen offen, kritisches Denken auf dem Boden einer Erziehung zu Spontaneität, Imaginativität und Phantasie zu entwickeln und es, an historischem Wissen und soziologischen Erkenntnissen sich ausmessend, im Sinne einer gesellschaftlichen Progression fruchtbar werden zu lassen. Diese Rollenerwartung mag durchaus programmiert werden, sie wird nie als unveränderbare Größe versteinen, weil sie ihren Widerspruch bereits in sich trägt. In ihrem Sinne ausgebildet werden, heißt: dialektisch ausgebildet werden.
Kritisches Lesen lernen und in seiner Konsequenz zu lernen, die stets notwendigen, weil in der Sache bereits präsenten Fragen zu stellen, bedeutet schließlich die Ausbildung von Menschen zu demokratischen, weil der Kontrolle ihrer Umwelt fähigen Bürgern, bedeutet nicht Revolution, sondern ständige Revision des Bestehenden, heißt Entwicklung. Dazu die Kinder fähig zu machen ist Sinn eines emanzipatorischen Deutschunterrichts. Die Indoktrination jedweder Provenienz öffnet nicht das Denken, sondern verschließt es mit Parolen. Das Lesebuch aber darf kein Lieferant von Parolen werden, sondern muß ein entscheidender Faktor zur intellektuellen und damit politischen Sensibilisierung sein. Diese Sensibilisierung aber kann auch ein Lesebuch nicht leisten, in dem einfach die alten durch neue, moderne oder in Jahrhunderten mißachtete aufklärerische Texten ersetzt werden. Selbst unter der bescheidenen Maßgabe, daß Lesewerke dem Deutschunterricht nur Hilfsdienste zu leisten vermögen, wird versucht werden müssen, jenen Typus des Lesewerks zu entwickeln, der durch seine Anlage die verlangte Mobilität und Imaginativität des Schülers selbst zu realisieren hilft. Die Zeit der geschlossenen, Unveränderlichkeit geradezu repräsentierenden Lesebücher traditioneller Art ist vorbei.

9. Realisierung der Chancengleichheit

Die Schaffung und Erhaltung der Chancengleichheit in Ausbildung und Beruf ist ein verbreitetes Schlagwort demokratischer und sozialer Bildungspolitik. Speziell im Schulbereich wird dem Wort ›Chancengleichheit‹ alsbald das Problem der Sprachbarrieren verknüpft, das eines der wichtigsten der zu lösenden Probleme auf dem Wege zur Realisierung der Chancengleichheit ist. Solange allerdings das bestehende vertikale Schulsystem die Klassentrennung in Ober-, Mittel- und Unterschicht perpetuiert, werden alle Fördermaßnahmen für milieu- und sozialbedingt zurückbleibende Kinder ohne durchgreifenden Erfolg bleiben. Wieder einmal muß festgestellt werden, daß gerade für diesen Bereich zwar der Deutschunterricht eine fundamentierende Funktion hat, das Lesebuch aber – und schon gar in seiner traditionellen Form – lediglich periphere oder gar keine Bedeutung hat.

Realisierung der Chancengleichheit hat ihre größte Chance in einem Schulsystem, das Vorschulerziehung, Gesamt- und Ganztagsschule kombiniert, wobei das Positive einer solchen Konzeption nicht etwa darin zu finden ist, daß die Steuerungsmöglichkeiten von oben herab stark intensiviert werden können, sondern vielmehr darin, daß im zeitlich und räumlich intensivierten Miteinander der Kinder durch Kontakt *und* Konfrontation der Erfahrungsaustausch umfangreicher und, was wesentlich ist, selbstverständlicher wird. Gerade das Problem der Sprachbarrieren wird durch solche Organisationsformen der Schule sehr viel leichter zu lösen sein als in den bestehenden traditionellen Schulen, leichter auch als in den kooperierenden und integrierenden Gesamtschulen, die bereits arbeiten; ohnehin tradiert die kooperierende bzw. additive Gesamtschule allzu sehr noch das Prinzip der traditionellen Schule, als daß sich dort ein wirklich weiterführender Ansatz studieren ließe; zum anderen hat die integrierende Gesamtschule ihre egalisierenden und nivellierenden Gefährdungen noch nicht genügend problematisiert, so daß die Frage der Selbstbestimmung des Schülers – eines der zentralen Probleme der Realisierung von Chancengleichheit – noch keinerlei didaktische bzw. lernstrategische Antwort hat finden können.

Es wurde bereits in voraufgehenden Kapiteln festgestellt, daß der Deutschunterricht – und mit ihm das Lesebuch – seine zentrale Stellung im Fächerkanon zugunsten anderer, gesellschaftlich orientierender Fächer abzugeben hätte, daß ihm aber statt der zentralen eine fundamentierende Stellung neu zukommen müßte. Gerade hinsichtlich des Problems der Realisierung der Chancengleichheit hat der Deutschunterricht diese fundamentierende Funktion: indem er 1. für die Erweiterung der Sprachkompetenz sorgt und 2. gesellschaftsbedingte und psychische Hemmnisse mittels einer kompensatorischen Sprachförderung abbaut. Im Entwurf des Bildungsplans Deutsch für die Förderstufe des Landes Hessen vom Mai 1971 heißt es allgemein zum ersten der beiden hier genannten Lernziele:

»Der Spracherwerb außerhalb der Schule ist abhängig von Zufälligkeiten der Umwelt. Deshalb fällt der Schule – besonders dem Deutschunterricht – die Aufgabe zu, die individuell verschiedenen sprachlichen Fähigkeiten der Schüler sinnvoll zu fördern und damit die Sprachkompetenz eines jeden Schülers zu erweitern. Dies wird erreicht durch ständigen kommunikativen Gebrauch von Sprache, durch Beobachtungen über Sprache als Struktur- und Zeichensystem sowie über Verfahren und Verhaltensformen im Kommunikationsprozeß und durch den Umgang mit *Texten*. Ausgangspunkt ist dabei die Rolle des Schülers als ›Sprachteilnehmer‹.«

Auf den literarischen Unterricht, den »Umgang mit Texten« bezogen, formuliert derselbe Entwurf u. a. diese Lernziele: »Der Schüler soll erkennen, daß der Fülle der *Texte* verschiedenster Art im gesellschaftlichen Gesamtgefüge unserer Zeit Steuerungsfunktionen zukommt.

Der Schüler soll vertraut gemacht werden mit der Machbarkeit von *Texten* und soll Einsicht gewinnen in ihre Verteilungsmechanismen:

Der Schüler soll erkennen, daß *Texte* zu bestimmten Zwecken gemacht (produziert) werden, im wesentlichen zur Unterhaltung, zur Information, zur Bildung oder auch zur Verhaltensbeeinflussung.
Der Schüler soll erkennen, daß die Verteilung von *Texten* nicht zufällig, sondern organisiert ist (Verteilungsapparate). Als Verteiler ›gedruckter *Texte*‹ treten auf: Kiosk, Straßenverkauf, Buchladen, Bücherei und Bibliothek, Buchgemeinschaft, Lesezirkel und Versandhandel; als Verteiler von ›akustischen und visuellen *Texten*‹ insbesondere Filmorganisationen, Rundfunk- und Fernsehanstalten.
Der Schüler soll praktische Erfahrungen – insbesondere mit der Verteilungsapparatur von ›gedrucktem Material‹ – sammeln, die Unterschiede der verschiedenen Medien und ihrer Verteilungsmechanismen kennenlernen und erste Einblicke in ihre Funktionsfähigkeit gewinnen.
Der Schüler soll erkennen, daß zwischen beabsichtigter und realer Wirkung von *Texten* unterschieden werden muß; zugleich soll er – in einem ersten Ansatz – erkennen, welche Bedingungen die reale Wirkung von Texten beeinflussen kann.
Der Schüler soll an ausgewählten Beispielen erkennen, daß die Entstehung von *Texten* – insbesondere von *Texten* bestimmter Gattung – von gesellschaftlichen und historischen Bedingungen abhängig ist.«
Hier scheinen mir Ansätze eines Deutschunterrichts vorzuliegen, der, weil er vor allem induktiv verfährt und nicht deduktiv Normen vermittelt, die geforderte Grundlagenfunktion für den gesamten Fächerkanon der Schule erfüllen könnte, denn nicht die reine Wissensvermittlung ist sein Ziel, sondern die Ausbildung sprachlicher Kompetenz zum einen und motivierender und analytischer, vergleichender Methode zum anderen. Und eben dies sind Stationen auf dem Wege zu einer noch fern liegenden Selbstbestimmung des Schülers, die erst die Voraussetzungen für eine Realisierung der Chancengleichheit schafft. Bislang ist die Chancengleichheit in der Tat nur Wunschtraum und politisches Schlagwort.
Die Texte der vorliegenden Lesebücher verhindern Chancengleichheit noch auf eine andere, subtilere Weise, als es die psychisch und

sozial bedingten Sprachbarrieren tun. Sie programmieren – um nur ein augenfälliges Beispiel zu nennen – etwa Mädchen auf die Rollenerwartung der Hausfrau und Mutter hin, eine traditionell fixierte Rolle also, die jedem emanzipatorischen Akt entgegensteht und somit gleichsam subkutan Chancengleichheit verhindert. Da diese Texte in den Lesebüchern ja nicht stehen, um problematisiert, sondern um akzeptiert zu werden, muß ein Deutschunterricht, der 1. die Selbstbestimmung des Schülers und 2. die Realisierung der Chancengleichheit erreichen möchte, bereits jene Texte, mit denen rein mechanistisch Lesen gelernt werden soll, auf ihre Inhalte hin prüfen. Doch damit ist allenfalls ein geringer Anfang gesetzt. Wie ja auch schon der hessische Entwurf des Bildungsplans für das Fach Deutsch ausweist, muß inzwischen von einem anderen als dem traditionell gebundenen Literaturbegriff ausgegangen werden, einem erweiterten Literaturbegriff, der nicht nur neue Gattungen gedruckter Literatur, sondern gleichermaßen Formen von akustischer und visueller Literatur umfaßt. Und dieser Literaturbegriff wiederum, der von einer um Sozialisation bemühten Didaktik zeugt, erfordert gänzlich andere Lesewerke, ja Lesesysteme, als es die traditionellen Lesebücher sind. Sie müssen leisten, was die traditionellen Lesebücher geradezu verhindern: Präsentation von Offenheit statt von überlieferter Geschlossenheit; Veränderbarkeit und aktuell zu erweiternde Dokumentation statt Kanonisierung; Problematisierung statt der Übermittlung von Bildungsgütern; historische Relativierung literarischer Texte statt der Vermittlung von über der Zeit stehenden, für zeitlos gültig gehaltenen sogenannten Bildungswerten.

Wie aber solche Lesewerke realisieren? Das Buch in seiner gebundenen Form und seiner Einteilung in Jahrgänge suggeriert allzuleicht abgeschlossene Repräsentativität, die es tatsächlich nicht zu leisten vermag; vor allem kanonisiert es manipulativ die gebotenen Texte und Kommentare und schafft Barrieren, die kritisches Fragen eher aussetzen als anregen. Und ein Großteil moderner, im weiteren Sinne literarischer Formen, denen der Rezipient weit mehr als dem Buch ausgesetzt ist, läßt sich gar nicht als gedruckte Literatur fassen: Produktionen von Funk, Film und Fernsehen müßten eben original, und nicht im Druckbild verfälscht, in den Unterricht einbezogen werden. Auch der passagenweise Nachdruck aus Büchern, der zur heimischen Lektüre des ganzen Buches anleiten soll, ist nur ein magerer Notbehelf für den Unterricht und wenig dazu angetan, die erforderlichen Motivationen im Schüler zu schaffen. Vor allem fällt für das traditionelle Lese*buch* die notwendig zu behandelnde aktuelle Literatur: Illustrierte, Zeitungen, Zeitschriften nahezu ganz aus – deren Inhalte und Formen aber müßten aus aktuellen Anlässen im Unterricht behandelt werden, zu Zeiten also, da die Schüler vermutlich auch außerhalb der Schule mit den dort abgehandelten Themen in Berührung kommen: dies aber schafft bereits eine Motivation, die es auszunutzen gilt, und hat überdies einen aktuellen Bezug zur gesellschaftlichen Wirklichkeit. Dies alles aber ist mit dem Lesebuch traditioneller Machart nicht zu erfassen. Mehr und mehr gerät das Lesebuch bereits über den Rand der Peripherie des Deutschunterrichts hinaus in die Bedeutungslosigkeit.

Wie gezeigt werden konnte, vollziehen die gängigen Lesebücher der Eingangsklassen der fortführenden Schulen die durch das vertikale Schulsystem bedingte Klassentrennung ziemlich konsequent: die Realisierung der Chancengleichheit wird hier ein weiteres Mal auf recht massive Weise verhindert – gewiß, das Lesebuch vollzieht nur, was das Schulsystem präjudiziert, und erneut wird deutlich, daß über neue Lesewerkformen nur im Zusammenhang eines neuen Schulsystems nachgedacht werden kann. Erst wenn die Trennung zwischen Grund- bzw. Hauptschule und Realschule und Gymnasium aufgehoben wird und die bislang so benannte Orientierungsstufe der Klassen 5 und 6 sämtlichen Schülern offensteht, fallen die Barrieren fort, die im höheren Anspruch der weiterführenden Schulen heute noch so apodiktisch errichtet werden. Sie verhindern die soziale Integration, die allgemein, und die Selbstbestimmung des Schülers, die individuell die Grundlagen für die Realisierung der Chancengleichheit bilden. Der Bonner Pädagoge Felix von Cube hat in seinem Buch *Gesamtschule aber wie?*, das für die offene Gesamtschule gegenüber der additiven und integrierten

Gesamtschule eintritt, speziell zum Problem des sozialen Ausgleichs und der sozialen Integration, einer Voraussetzung für die Chancengleichheit, geschrieben:

»Soziale Koedukation bedeutet noch keine soziale Integration. Um eine Aufhebung der sozialen Schichtung der Kinder zu erreichen, ist das Beisammensein aller Kinder der verschiedensten Sozialschichten, die soziale Koedukation, in jedem Falle notwendig, sie reicht jedoch bei weitem nicht aus. Gewiß können schon durch das Beisammensein aller Kinder Vorurteile abgebaut und Sprachbarrieren überwunden werden, gewiß ist es auch möglich, durch soziale Koedukation Einsichten in gesellschaftliche Situationen zu vermitteln, Konflikte und Spannungen aufzudecken und zu reflektieren. Soziale Integration im Sinne der Aufhebung sozialer Rollen erfolgt jedoch erst durch gemeinsame Aktivitäten, vor allem durch gemeinsame Entscheidungen. Ohne solche verbindenden Tätigkeiten bleibt das Nebeneinander erhalten.« Dieser Erkenntnis können auch das Lesewerk oder Lesesystem, die das alte Lesebuch ablösen müssen, entsprechen, indem sie die Notwendigkeit der gemeinsamen Aktivität und der gemeinsamen Entscheidung als grundlegende Motivationsauslöser fruchtbar machen. Ist es so utopisch zu denken, die Schüler stellten sich ihre Lesebücher selbst zusammen?

Das mag bei den heutigen Schulverhältnissen noch so sein, die dem Schüler ja kaum einen Freiraum zur Entwicklung seiner Kreativität lassen: das Moment der Normierung, das das gegenwärtige Schulsystem bestimmt, kanalisiert die Schüler je nach angenommener Begabung und vermittelt sie weiter an jene Stellen dieser Leistungsgesellschaft, die ihrer bedürfen. So entspricht die Schule, die wir haben, durchaus den restaurativen Teilen der Gesellschaft, in der wir leben – nur bedarf diese Gesellschaft, wenn sie nicht erstarren und den ›Revolutionären‹ von rechts und links anheimfallen will, der dauernden Veränderung, nicht unbedingt ihres Systems, wohl aber ihrer Methoden und Institutionen; nur dann kann sie sich gedeihlich und progressiv entwickeln.

Wandelbarkeit also und kritisches Vermögen als Erkenntnis- und Lernziel einer neuen Schule stehen zu Gebot. Da, wie Robert Minder zu Beginn der Lesebuchdiskussion es einmal sagte, die Lesebücher den Geist der Gesellschaft spiegeln, müßten auch die neuen Lesewerke diesem Gebot entsprechen: das Lesebuch als Loseblattsammlung; das Lesewerk als Methode, ein Lesebuch mit den Schülern zu erarbeiten; das Leseheft als Materialsammlung; das Lesesystem als ein Mittel, literarisches Leben als gesellschaftliches Leben, als Prozeß zwischen Produzenten und Rezipienten, Literatur als Funktion von Gesellschaft zu verstehen – dies sind Möglichkeiten, gemeinsame Aktivitäten und gemeinsame Entscheidungen bei den Schülern zu bewirken und aus ihnen jene Motivationen zu entwickeln, die das gegenwärtige Schulsystem weitestgehend blockiert; Möglichkeiten, die zu einem Teil dazu beitragen, mittels ihrer Offenheit die Chancengleichheit tatsächlich zu realisieren.

Wie also sollte, auf Deutschunterricht und Lesewerk hin gesprochen, die Praxis des literarischen Unterrichts, wie sollten seine Hilfsmittel beschaffen sein? Und welche Lektüren bieten sich an, deren Autoren als aktive Zeitgenossen die veränderte und stets veränderbare Welt sprachlich fixiert und damit nachvollziehbar und durchschaubarer gemacht haben? Welche Lektüren schließlich präsentiert der Alltag den Schülern in Werbung, Plakaten und Verordnungen?

Der Entwurf zum hessischen Bildungsplan operiert mit dem Begriff *Text*, der die didaktische Bildungsliteratur, also die Literatur traditioneller Ästhetik und Gattung, ebenso treffen soll wie die Alltagsliteratur, die der Information oder der Verhaltensbeeinflussung dient. Gestaltete Sprache wird in dieser didaktisch plausiblen Definition also nicht mehr nur als Bildungs- und Privilegierungsfunktion aufgesucht, sondern als Ort allgemeiner kritischer Erkenntnismöglichkeit. Sie wird, als was sie auch erscheint, befragt hinsichtlich ihrer Steuerungsmechanismen und -absichten, hinsichtlich ihres Anspruchs und ihrer, möglicherweise verborgenen, Wirkung und hinsichtlich ihrer gesellschaftlichen und historischen Bedingungen. Wo diese drei Fragen, die ich drei ›Essentials‹ eines zeitgemäßen Deutschunterrichts nennen möchte, in Auswahl der Lektüren und didaktisch vermittelter Methode gestellt werden und ihre Beantwortung versucht wird, begreift der Deutschunterricht seine kritische Funktion als gesellschaftlich bezogenes und fundamentierendes Fach, ohne seine Aufgabe, an die literarische Tradition anzuknüpfen, ja auf ihr aufzubauen, zu vernachlässigen; denn ohne das Wissen um die literarische Tradition ist die Erkenntnis literarischer und historischer, damit auch gesellschaftlicher Entwicklung und einer veränderten Rolle der Literatur in der zeitgenössischen Gesellschaft nicht zu erreichen.

Doch sind die Methoden, mit denen traditionelle Literatur im Deutschunterricht vermittelt wird, oft dazu angetan, die Lesemotivationen beim Schüler eher zu bremsen als zu fördern. Das Ressentiment gegen die sogenannte ›hohe Literatur‹ breitet sich dort aus, wo 1. schicht- und 2. altersbezogen der Zugang zu ihr nur als Pflichterfüllung ausgegeben wird, weil das Leseinteresse anderen Gegenständen als jenen bei Hölderlin, Goethe, Schiller oder Kleist zugewandt ist. Dieses Ressentiment prolongiert sich psychologisch bis in die letzten Schulklassen und schafft jenes gebrochene Verhältnis der Schüler zur Literatur, das sich heute entweder als Lethargie gegenüber der Literatur oder als dogmatische Ideologisierung äußert.

Um eine allgemeine Lesemotivation zu schaffen, müßten, etwa nach dem didaktischen Konzept Malte Dahrendorfs, drei Voraussetzungen erfüllt werden:

1. müßte die Lesetechnik kontinuierlich und allgemein entwickelt sein;
2. sollte ein Optimum an Verstehensfähigkeit garantiert werden und
3. das Vergnügen am Lesen genutzt werden.

Das aber setzt voraus, daß auf das Leseinteresse des Schülers und die Stoffe als Objekte dieses Interesses eingegangen wird und damit privates und schulisches Lesen synchron geschaltet werden. Da die Ganztagsschule noch fehlt, in der ein Interessenausgleich leichter zu erreichen ist als in der heutigen Schule, muß die Selbstbestimmung des Schülers bereits früh entwickelt werden, um den Interessenabfall zwischen Schule und Zuhause so gering wie möglich zu halten.

Stoffe bzw. Lektüren, die sowohl die Entwicklung der Lesetechnik als auch ein Optimum an Verstehensfähigkeit und über beide ein ursächliches Lesevergnügen garantieren, sind

a) außer Märchen und Sagen Erzählungen aus den Bereichen Alltag, Abenteuer (einschließlich Science Fiction) und Jugendliteratur, in der die Jugendlichen selbst figurieren;

b) Gesamtlektüren von interessanter Jugendliteratur im weitesten Sinne;

c) nichtfiktionale Literatur im Sinne eines umfassenden Literaturbegriffs (also auch Funk- und Fernsehliteratur), Werbetexte, Jugendzeitschriften, Jugendseiten der Tageszeitungen.

So wäre denkbar und wünschenswert, daß, wo früher in höheren Gymnasialklassen ein Vierteljahr lang Schillers *Wallenstein* behandelt wurde, in den entsprechenden niederen Klassenstufen eine Unterrichtseinheit von zwei Monaten nur auf eine Gesamtlektüre wie den *Robinson Crusoe* verwendet würde; daß solche Unterrichtseinheiten praktizierbar sind, zeigen ähnlich lange Unterrichtseinheiten zu sog. ›hoher Literatur‹ – nur mit dem Unterschied, daß die Motivation eine sehr viel ursprünglichere bei der Behandlung des *Robinson* sein dürfte. Auf dieser so entwickelbaren allgemeinen Lesemotivation lassen sich die weitergehenden Unterrichtsziele methodisch kontinuierlich aufbauen, um zu Lesemündigkeit, und das heißt zu Initiative und Selbstbestimmung des Schülers, und zur Fähigkeit der kritischen Reflexion der Lektüre zu gelangen. So ließe sich bereits am *Robinson* der historische und soziale Kontext von Literatur im relativ frühen Alter exemplarisch darstellen, ließe sich also Literaturbetrachtung materialisieren; so wären darzustellen:

1. die Umsetzung von nichtfiktionalem Erlebnis in fiktionale Literatur anhand der publizierten Vorlagen, nach denen Defoe gearbeitet hat;

2. die Wirkung des Romans, der im Jahr seines Erscheinens vier Auflagen und später eine Menge Nachfolger erlebte, also Rezeptionsgeschichte;

3. müßte im Unterrichtsgespräch das Vergnügen bei der Lektüre auf

seine möglichen Gründe hin reflektiert werden – was einen genuinen Prozeß der Reflexion über Literatur allgemein in Gang setzt, der, einmal methodisch eingeübt, ja auch gegenüber anderen Lektüren ›funktionieren‹ würde.

So wie am Beispiel *Robinson Crusoe* ein ursprüngliches Leseinteresse beim Schüler vorausgesetzt werden kann, wird man auf ähnliches Interesse auch bei anderen Leseobjekten rechnen können: bei Jugendillustrierten guter wie schlechter Machart, bei Heftchenliteratur, bei Fernsehserien; oder man wird eine unterschwellig vorhandene Bereitschaft in bewußtes Interesse umsetzen können bei Gegenständen, denen der Schüler alltäglich konfrontiert ist, die er aber nicht bewußt wahrnimmt oder gar reflektiert, z. B. Werbung, Zeitung, Rundfunksendungen oder auch Texte von Schlagern.

In diesem umfangreichen Kontext ist nach und nach auch die ›hohe‹ Literatur zu etablieren; denn die didaktische Grunderkenntnis ist ja, daß, was modellhaft bereits eingeübt wird, auch an Gegenständen geringeren ursächlichen Interesses und minderer Motivation leichter nachzuvollziehen ist. Für die Motivierung der Schüler ist die Stoffauswahl von entscheidender Bedeutung – hier könnten die Schüler auch selbst Vorschläge machen und sich dann in freier Entscheidung an der Stoffauswahl beteiligen. Weg und Niveau der Auseinandersetzung mit einem frei gewählten Stoff aber werden von einer solchen Entscheidung ja nicht präjudiziert; je intensiver die so bewirkte Motivierung ist, desto erfolgreicher kann eine antizipatorische und induktive Methode wirken. Eine solche Methode wiederum ist, weil sie die freigesetzte Phantasie und Spontaneität nicht normiert, sondern ohne inhaltliche Abstriche versachlicht, noch am ehesten in der Lage, in der gegenwärtigen Schulsituation milieu- und psychisch bedingte Barrieren zurückgebliebener Kinder abzubauen; denn

1. erweitert sie durch die intensivere Motivation die Lern- und Aufnahmebereitschaft des Kindes über die Schule hinaus (gerade die Einbeziehung von Medien, denen das Kind alltäglich konfrontiert ist, läßt den Bildungsprozeß auch während dieser Konfrontation fortwirken);

2. schafft die bei einer so ausgedehnten Unterrichtseinheit notwendige Gruppenarbeit Möglichkeiten der gruppenweise verschieden starken Lehrerförderung.
3. sind die Gruppen- und Klassengespräche, bei denen der Lehrer allenfalls noch die Funktion eines Moderators und Koordinators auszuüben hätte, der beste Ort zur Überwindung von Sprachschwierigkeiten und zur Bereicherung des Wortschatzes – hier etwa hätte der Lehrer die eloquenteren Schüler dazu anzuhalten, unbekannte Wörter und Begriffe zu erklären oder zu definieren, eine Übung, die allen Teilen nützlich ist.

Bei solchen Voraussetzungen und Vorarbeiten lassen sich jene Ziele, die der Bildungsplan für Hessen vorsieht, in den fortgeschrittenen Klassen realisieren. Und darüber hinaus wird bei den Schülern dieser Klassen das Sensorium geweckt für jenen Bereich der Literatur, dessen Beziehung zur gesellschaftlichen Realität nicht so unmittelbar ist, dessen gesellschaftliche Relevanz erst interpretatorisch zu erschließen ist. Denn – so heißt es im Bildungsplan für Hessen –: »Die Schüler sollen die Einsicht gewinnen, daß keine Literatur ohne sozio-kulturellen Kontext besteht.«

Darin wird auch deutlich, daß altübliches textimmanentes Interpretieren sich für den neu projektierten Deutschunterricht überlebt hat, daß vielmehr die Interpretation der Texte nur im Bezug auf den – im weitesten Sinne verstandenen – historischen (also auch soziologischen und psychologischen) Kontext sinnvoll erscheint, weil seine Einbeziehung erst Differenziations- und Erkenntnismöglichkeiten schafft, die mittels textimmanenten Interpretierens nicht zu erlernen wären.

Auf das zu projektierende Lesewerk bezogen heißt das: die einfache Wiedergabe literarischer Texte, wie sie die gängigen Lesebücher praktizieren, reicht nicht mehr aus. Glotz und Langenbucher haben, wie bereits erwähnt, mit ihrem vor einigen Jahren wichtigen Lesebuchentwurf *Versäumte Lektionen* wenigstens andeutungsweise demonstriert, daß zur Textwiedergabe die Information über den historischen Kontext kommen muß. Aber damit nicht genug: wo sie lediglich solche literarischen Texte mit aufklärerischer Ambition oder Herkunft, die üblicherweies in deutschen Lesebüchern fehlen, zusammentrugen und mit geringen Zusatzinformationen versorgten, müßten künftige Lesewerke mindestens auch historische Vielfalt und Widersprüchlichkeit der literarischen Szene in der jeweils historischen Situation wiedergeben und dokumentieren. Nicht die Qualität der Texte darf allein entscheidend sein, sondern auch ihr Wert als historisches, psychologisch und soziologisch relevantes und orientiertes Informatorium und damit ihr Wert als Objekt für weiterführendes Fragen. Denn das *Fragen* soll ja gelernt werden, und damit das *Erkennen* – nicht nur die Kenntnis der reinen, chronologischen Historizität der Texte: das wäre wiederum nur eine bildungsbeflissene, eine unfruchtbare Fleißarbeit.

So daß ich mir zum Beispiel kein Lesewerk vorstellen könnte, das, wo es die deutsche Literatur des 20. Jahrhunderts präsentiert, darauf verzichtet, neben Texten der Emigrations- auch Texte der Naziliteratur aufzunehmen. Nicht ein vorgegebener Wert, der für zeitlos gültig erklärt wird, wo er doch nur die Klassengegensätze einer noch funktionierenden Klassengesellschaft zu stabilisieren hatte, nicht formalisierte ästhetische Literaturanalysen schaffen die Fähigkeiten zu differenzierendem, kritischem Lesen, Fragen und schließlich Verhalten, sondern auf Geschichte und Gesellschaft beziehbare, im Kontrast Widerspruch freisetzende oder durch Aktualität und direkten Bezug zum Schüler motivierende Texte. Relativierung, Versachlichung, Materialisierung und Aktualisierung hätten Maßgaben zu sein, nach denen neue Lesewerke entwickelt werden müßten, wenn sie einem sich kritisch verstehenden und dem Gesellschaftsbegriff der Demokratie und der Mobilität zugewandten Deutschunterricht dienen sollen. Denn wo die funktionierende Klassengesellschaft ihre Bildungsbarrieren errichtete, muß die demokratische Gesellschaft Bildung sozialisieren, d. h. die gleiche Ausbildungschance jedem ihrer Mitglieder zur Verfügung stellen – das hat weder etwas mit Nivellierung noch mit dogmatischem Sozialismus zu tun. Denn die Entwicklung der Kritikfähigkeit bedeutet in Konsequenz nicht Egalisierung, sondern Differenzierung, nicht Ideologisierung, sondern Fähigkeit zur Ideologiekritik.

10. Orientierung in Gesellschaft und Beruf

Das Lesebuch traditioneller und immer noch gängiger Art ist ein genormtes und normierendes Instrument der Vermittlung von Wissen und Verhaltensweisen. Das mag ein Grund dafür sein, daß, wie die Erfahrung gelehrt hat, die Motivationen beim Schüler gering sind, sich des Lesebuchs selbständig zu bedienen. Das traditionelle Lesebuch ist Lernmittel, es geht kaum auf aktuelle Schülerinteressen ein, die aus seiner nicht-schulischen Erlebniswelt gespeist werden. Das ist besonders unverständlich angesichts der Tatsache, daß das Lesebuch das einzige Schulbuch ist, mit dem sehr viel mehr als nur der Lernzweck erreicht werden kann. Wo aber der Schüler erst dazu motiviert werden muß, sich des Lesebuchs zu bedienen, besteht eine Barriere des Zwangs. Sie mag für andere Schulbücher kaum völlig zu umgehen sein, wenn sie auch weitgehend abzubauen wäre; fürs Lesewerk oder Lesesystem, mit dem der Deutschunterricht zu arbeiten hat, kann diese Barriere aber durch keinerlei Notwendigkeit begründet werden.

Speziell für die Orientierung in Gesellschaft und Beruf leisten die gängigen Lesebücher so gut wie keinen Beitrag: entweder sparen sie diese Themen ganz aus oder, vor allem wenn es um außerordentliche Konfliktfälle geht, sie mystifizieren sie. Ihre normative Ausrichtung, besonders hinsichtlich dieser Thematik, entspricht einem Verständnis von Gesellschaft, das entweder Vergangenes zu erhalten sucht oder aber der technokratischen Erwartung der Leistungsgesellschaft verpflichtet ist. Zu einer modernen demokratischen Auffassung der Gesellschaft aber gehören Offenheit und Wandelbarkeit und, zur Realisierung beider, kritisches Vermögen ihrer Mitglieder. Davon ist immer auszugehen.

Dieselbe Offenheit und Wandelbarkeit als Erkenntnis und das Gestalten und aktive Entscheiden als Bewirken können gerade die Lesewerke oder Lesesysteme realisieren. Die gängigen Lesebücher fügen Gegensätzliches entweder gattungsmäßig oder historischchronologisch, Ähnliches eklektizistisch zu einem vorgeblichen Gesamt zusammen. Neue Prinzipien wären denkbar, die den Interessen des Schülers und ihrer durchaus lernorientierten Verwirklichung größeren Raum geben. Ist es denn wirklich so utopisch zu denken, daß die Schüler ihre Lesewerke selbst zusammenstellen? Diese Frage wurde auch bei fortschrittlichen Didaktikern schon verschiedentlich gestellt – in diesem Kapitel nun soll ansatzweise versucht werden, unter der Thematik »Orientierung in Gesellschaft und Beruf« Ansätze zu zeigen, wie denkbare neue Lesewerke entwickelt werden könnten. Daß diese Ideen nicht in der gegenwärtigen Schule zu realisieren sind, wurde bereits begründet; hier sei nur noch einmal daran erinnert.

Der zeitliche und räumliche Rahmen einer künftigen ganztägigen Gesamtschule schafft die Voraussetzung, Aktivität und freie Entscheidung der Schüler sinnvoll zu entwickeln und Interessen verschiedenster Art fruchtbar werden zu lassen. Schon die Gestaltung von Gruppenarbeit und Unterricht müßte weitgehend den Schülern übertragen werden; der Lehrer wäre nicht mehr der allwissende Vermittler von Wissen, sondern er hätte eher die Funktion eines Moderators und Koordinators wahrzunehmen. Felix von Cube, in dessen Konzept der offenen Gesamtschule die Unterteilung des Unterrichtsprogramms in einen verpflichtenden Teil, einen Schwerpunktbereich und einen freien Bereich vorgesehen ist, schreibt über die anstehenden Probleme des Deutschunterrichts in seinem Buch *Gesamtschule aber wie?*:

»Zweifellos werden bezüglich des Deutschunterrichts die stärksten Einwände gegen eine Aufteilung in Pflicht- oder Leistungsbereich erhoben werden. Der Deutschunterricht verkörpert ja noch immer das Ideal der Allgemeinbildung; ihm werden unteilbare Gefühlswerte zugesprochen oder sonstige Ganzheitsqualitäten. – Ich bin nicht dieser Meinung und möchte daher versuchen, eine solche Einteilung kurz anzudeuten:

Im Pflichtbereich muß neben den elementaren Kulturtechniken wie Lesen und Schreiben die Fähigkeit geschult werden, einen Sachverhalt eindeutig darzustellen. Hierfür ist wiederum der Umgang mit

Hilfsmitteln wie Lexika, Wörterbücher und andere Nachschlagewerke erforderlich ... Zur gesellschaftlichen Funktion des Deutschunterrichts gehört sicher auch die Fähigkeit, Gebrauchs- und Trivialliteratur, Zeitungsartikel und Fernsehsendungen verstehen und kritisch beurteilen zu können. Mir scheint, daß die Entwicklung eines Problembewußtseins nicht unbedingt an einen Literaturunterricht gebunden ist. Wenn der Schüler besondere literarische Interessen hat, kann er das Fach Deutsch als Schwerpunkt wählen. – Im Schwerpunktbereich werden keine Zusatzstoffe geliefert, die Inhalte sind vielmehr zu vertiefen und fortzusetzen. Hier käme es auf literaturwissenschaftliche und methodische Kenntnisse an (Textanalyse und Textvergleich, Interpretation, Klassifikation, Stilmittel usw.). Literaturgeschichte oder auch ausführliche Besprechungen literarischer Epochen, Literaturgattungen oder Werke eines Dichters bieten eine Stoffülle, die nach Quantität und Anspruchsniveau über das hinausgehen könnte, was derzeit auf dem Gymnasium erreicht wird. – Der freie Bereich eignet sich besonders gut zum Experimentieren, weil es hier nicht auf festgelegte Leistungen ankommt. So könnte hier ebenso das Verfassen eigener Werke von Interesse sein wie Diskussionen über Funk, Fernsehen, Film, Theater oder andere kulturelle Veranstaltungen. Selbstverständlich können auch Probleme der einzelnen Unterrichtsbereiche unter neuen Aspekten aufgegriffen werden.«

Eine sinnvolle Schule der Zukunft wird zumindest ähnlich strukturiert sein müssen wie das Modell von Cubes, so daß die hier gestellte spezielle Frage im Rahmen seines Modells behandelt werden kann, vor allem, weil ein Kernpunkt der Vorstellungen dieses Pädagogen die Selbstbestimmung des Schülers ist, die auch die hier angestellten Überlegungen weitgehend bestimmt. Auch für die Schule im Übergang können aus diesen prospektiven Modellen für den Leseunterricht nützliche Vorschläge gezogen werden.

Die Orientierung in Gesellschaft und Beruf, soweit sie der Deutschunterricht neben Fächern wie Sozialkunde und Arbeitslehre zu leisten hätte, könnte als einer seiner Schwerpunkte sinnvollerweise erst auf jenen Klassenstufen einsetzen, die heute mit Sekundarstufe

1 und 2 bezeichnet werden und die Schüler vom 13. Lebensjahr an umfassen. Entsprechend der Gliederung nach von Cube könnte im Schwerpunktbereich zusammengelegt werden, was im Pflichtbereich mit Arbeitslehre, Sozialkunde und Deutschunterricht getrennt angeboten wird: wo dort das Wissen um Sachen und einzelne Techniken gelernt werden, bleibt in der übergreifenden Gruppenarbeit der Ort zur theoretischen, und das heißt eben auch literarischen Arbeit über Gesellschaft und Arbeit im weitesten Sinne. Dort müßte zusammengetragen werden, was im freien Bereich in Einzel- oder Gruppenarbeit theoretischer und praktischer Art erarbeitet wurde; andersherum könnte dann auch im freien Bereich zur allgemeinen Diskussion gestellt werden, was an Ergebnissen im Schwerpunktbereich erzielt wurde. Das Nebeneinander der einzelnen Bereiche wird so sinnvoll verknüpft und ermöglicht den Schülern 1. die Selbstbestimmung des Einzelnen allein, 2. des Einzelnen in einer Gruppe und 3. der Gruppe als Gruppe. Damit sind dem Schüler alle Möglichkeiten gegeben, sich zu entfalten und Kreativität und Aktivität im persönlichen Freiraum oder in der gewählten Disziplinierung zu entwickeln.

Das Lesesystem, das dort als sinnvollste Grundlage erscheint, wird sich der verschiedenen Formen von Lesewerken bedienen. Im *Pflichtbereich* wird vor allem das sachlich orientierende Lehrbuch seinen Platz haben: Informatorien für Sozialkunde und Arbeitslehre und das Sprachbuch für den Deutschunterricht. Im *Schwerpunktbereich* werden thematisch gegliederte Materialsammlungen mit den grundlegenden Texten zur Verfügung stehen müssen, die, möglicherweise als Loseblatt-Sammlung angelegt, mit zunehmender Zeit zu komplettieren sind. Da das Prinzip der Erziehung zu Kreativität und Selbstbestimmung nicht auf der vornormierenden deduktiven, sondern auf der die Freientscheidung einbeziehenden induktiven Methode aufgebaut ist, wird man in der Chronologie des Aufbaus solcher Materialsammlungen sinnvollerweise nicht mit theoretischen Texten über das Thema beginnen, sondern mit solchen Texten, denen der Schüler vermutlich aufgeschlossener gegenübersteht (also erzählenden oder berichtenden Texten) oder die aus dem unmittelbaren Erfahrungsbereich des Schülers genommen sind. Das wären in der Arbeitsgruppe Gesellschaft und Beruf bzw. Arbeit unter anderem: Rundfunkmeldungen, Fernsehnachrichten, Zeitungsinformationen und Kommentare, ebenso die verschiedenen fürs Thema relevanten jugendgemäß angelegten publizistischen Formen – also die einfacheren Formen – (und da schon wird deutlich, daß zur Materialsammlung durchaus auch ergänzungsweise andere Medien herangezogen werden müssen). Von diesen Grundtexten ausgehend würde dann im Zusammenspiel mit dem *freien Bereich* die Materialsammlung systematisch nach den Erfordernissen des Unterrichts, der von den Schülern hinsichtlich seiner Stoffauswahl so weit wie möglich selbst gestaltet wird, komplettiert. Dies zum formalen Aufbau.

Inhaltlich müßte die thematische Gliederung der Materialsammlung, die ja nicht von Anfang an jedes der endgültig in ihr präsentierten Themen enthalten muß, einen Aufbau haben, der eine sinnvolle, und das heißt hier: genuine Entwicklung zeigt. Genuin meint hier, daß entsprechend der induktiven Methode vom Speziellen zum Allgemeinen, vom Konkreten zum Abstrakten, von der Umwelt zur Außenwelt, vom unmittelbaren Erlebnisbereich zum allgemeinen Bereich Gesellschaft und Welt fortgeschritten wird.

So wäre eine *Materialsammlung zum Thema Literatur und Gesellschaft* thematisch etwa so zu gliedern:

Erster Themenkomplex: die *Familie* als unmittelbarster und möglicherweise unreflektiertester Ort gesellschaftlichen Verhaltens. Hier würde eine Textauswahl im Verlauf der fortschreitenden Steigerung des Anspruchs, also im antizipierenden Sinne, ausgehen von Erzählungen und Berichten, Gedichten und Spielen, in denen Fragen familiären Zusammenlebens, seiner Rollenverteilung usf. virulent sind; es kämen dann aktuelle und historische Texte, z. B. zur Geschichte der Familie; im weiteren Verlauf würde bei Zunahme der theoretischen Texte dann die Funktion der Familie in der Gesellschaft zu problematisieren sein, andere Texte hätten nach anderen Formen der Familie zu fragen (Großfamilie, Kommune), schließlich wäre auch anhand wesentlicher Auszüge aus dem Familienrecht die aktuelle gesellschaftliche und juridische Stellung der Familie begreiflich zu machen. Zu diesen nach und nach systematisch aufzufüllenden Texten könnten eine Reihe weiterer Texte kommen, die im thematischen Zusammenhang stehen und die von den Schülern initiativ eingebracht werden. Denkbar ist auch, daß im freien Bereich praktisch zum Thema experimentiert wird – Umfragen durchgeführt, Statistiken erstellt werden, zusätzliche Literatur aufgearbeitet und systematisiert wird – diese diskutiert werden und die Ergebnisse solchen Arbeitens als Protokolle aufgenommen würden. Die Materialsammlungen hätten also einen fixierbaren Kern, um den herum andere Texte je nach Gang der Unterrichtseinheit angeordnet werden – die durch den Schüler mögliche Gestaltung und Veränderung des Unterrichtsmittels ›Materialsammlung‹ ist ein wichtiger Anreiz für die Motivierung.

Als zweiter Themenkomplex wäre die *Schule* selbst zu problematisieren, die ebenfalls ein unmittelbar erlebter Ort gesellschaftlichen Verhaltens für die Schüler ist. Hier könnte sogar mit Berichts- oder Protokolltexten begonnen werden, die von den Schülern selbst geschrieben werden, um dann historische Texte aufzunehmen, die die Geschichte der Schule zum Thema machen. So würde man die Erlebniswelt der Schüler zum einen in einen historischen Kontext stellen und zum anderen der unmittelbar auf sie einwirkenden gesellschaftlichen Wirklichkeit konfrontieren. Weitere Stufen im Aufbau dieses Komplexes wären historische, pädagogische Texte von Rousseau etwa bis zu Hartmut von Hentig, ausgewählte didaktische und methodische Texte, Schulrechtstexte, Lehrpläne, neue Schulkonzeptionen usf. Die Problematisierung der unmittelbar erfahrenen gesellschaftlichen Wirklichkeit ›Schule‹ erlaubt es, Modelle gesellschaftlichen Verhaltens zu durchdenken und vorauszuerproben, die später von Nutzen sind. Dabei wird Literatur, deren Begriff ja nicht mehr nur traditionelle Gattungen umfaßt, in ihrer gesellschaftlichen Funktion erfaßt; sie wird nicht theoretisch gelernt oder rein wissensmäßig verarbeitet, sondern es wird *mit ihr* gearbeitet – eine sinnvollere Beschäftigung mit Literatur, bei der sie auch noch als funktionale Literatur erfahren wird, ist kaum denkbar.

An diesen beiden Komplexen *Familie* und *Schule* sollte detaillierter abgehandelt werden, was ich unter veränderbaren Materialsammlungen verstehe: sie bieten eine Form des Lesewerks, die sowohl dem Pluralismus der Methoden und Meinungen als auch der Mobilität im Sinne fortschreitender Entwicklung gerecht wird und die den Schüler als sich in seiner Kreativität entfaltendes, selbstbestimmendes Wesen ernst nimmt. Andere Themen, die in solchen Materialsammlungen nach *Familie* und *Schule* erscheinen müßten, wären im Sinne der sogenannten ›genuinen Entwicklung‹ der Ausbildung: Krieg und Frieden – Arbeit – Staat – Gesellschaft – Parteien – Recht – Religionen – Ideologien – Sozialismus; diese Liste wäre zu erweitern. Doch decken die genannten Themen den für eine Materialsammlung »Literatur und Gesellschaft« notwendigen Bereich einigermaßen sinnvoll ab.
Eine andere Materialsammlung könnte, um in dem hier speziell zu behandelnden Bereich zu bleiben, sich des Themas »Literatur und Arbeit« annehmen, das ja so umfangreich und wichtig ist, daß es durch eine Unterabteilung in der Sammlung »Literatur und Gesellschaft« nicht ausreichend belegt wird. Vor allem hätte es als Zielobjekt einer Fächerkombination Arbeitslehre und Deutschunterricht eine andere Funktion als in der Kombination Sozialkunde und Deutschunterricht, für die die Sammlung »Literatur und Gesellschaft« gedacht ist. Für diesen Bereich bieten sich speziell Texte an, die auch formal neue Impulse geben, die von der Literatur in den letzten Jahren aufgenommen und – z. B. im großen Bereich der Dokumentarliteratur – fortentwickelt wurden. Etwa die Reportage Günter Wallraffs oder das Interview der Erika Runge, die beide einen unmittelbareren Einstieg in die sozialpsychologische Situation der Arbeitswelt bei behauptetem literarischem Anspruch ermöglichten als die fiktionale Literatur. Hier ließe sich, im Vergleich zu den literarisierten Deutungen der Arbeitswelt in den Romanen und Erzählungen etwa Max von der Grüns, die Reflexion über den Vermittlungsprozeß ansetzen, den die Literatur alter oder neuer Form zwischen Autor und Rezipient durchläuft; hier auch ließe sich nach Wirkungsmöglichkeiten fragen (um Fragen der Wirkung zu er-

mitteln, ist der experimentelle ›freie Bereich‹ der angemessene Ort). Darüberhinaus sind gerade für die Schule auch jene Impulse wichtig, die die Werkstätten für Literatur der Arbeitswelt mit ihren Fragebögen entwickelt haben, die detailliert nach der Situation von z. B. Lehrlingen in der Ausbildung fragen. Solche Fragebögen zu entwickeln dürfte für den Deutsch-Unterricht auch über den Bereich »Arbeit« hinaus eine gute Konzentrations- und Artikulationsübung sein. Ihre Auswertung ebenso wie die Auswertung der Interviews Erika Runges, die in den beiden Bänden »Bottroper Protokolle« und »Frauen« vorliegen, führt auch zur Thematisierung des Problems Sprachbarrieren und zu Untersuchungen, die Sprachunterricht und Literaturunterricht auf ihre gesellschaftliche Relevanz hin reflektieren.

Selbstverständlich bieten sich, vor allem für den fortgeschrittenen Unterricht, auch andere, weniger komplexe Materialsammlungen an, die als Ergänzungen zur methodischen Arbeit im Schwerpunktbereich zu denken sind: zur Literatursoziologie, zur Trivialliteratur, zur materialistischen Literaturtheorie usw.; sie wären einsträngig mit theoretischen Texten und Kommentaren zu versehen – sie könnten durch Modellanalysen ergänzt werden, die im Unterricht zu erarbeiten sind.

Orientierung in Gesellschaft und Beruf ist ein wesentliches Ziel des Deutschunterrichts, aber keineswegs, wie es hier erscheinen mag, sein einziges. Doch die Arbeitsweisen, die hier gezeigt wurden, bieten sich auch für den reinen Literaturunterricht an, wobei zu vermuten ist, daß die Mobilität der Methode die bearbeitete Literatur nie als reine Literatur, sondern als Literatur im historischen, aktuellen, sozialen oder psychologischen Kontext zum Vorschein bringen wird. So daß Literatur relativierbar wird, gereinigt vom idealistischen Gewölk ewiger Wertigkeit, ein Demonstrationsobjekt ihrer sozialen Funktion. Und ebenso, wie die Materialsammlungen zum mobilen Arbeitsinstrument der Schüler werden, kann auch die literarische Anthologie das Ergebnis von Schülerarbeit sein: getreu der induktiven Methode kann so das Denken in literarischen, geschichtlichen und sozialen Bezügen geübt werden, weil das Material

Literatur dem Schüler nicht genormt vorgesetzt wird zur permanenten Reproduktion, sondern weil er selbst, ordnend, systematisierend, Beziehungen herausarbeitend, mit dem Material umgeht. Nur dieses Arbeiten an der Basis des Materials setzt Initiative sinnvoll in Kreativität *und* ordnende Disziplin, in Freientscheidung *und* Selbstbestimmung, in Traditionsbewußtheit *und* kritisches Verhalten um.

Ein solches initiativ motiviertes Selbsttraining des Schülers, das fortschreitend während seiner gesamten Ausbildungszeit unter moderierender und koordinierender Anleitung des Lehrers eingeübt und schließlich selbsttätig ausgeübt wird, bereitet die Schüler besser für ihre Selbstbehauptung in dieser mobilen und widersprüchlichen Gesellschaft vor als die normativen Kanalisationen des gegenwärtigen vertikalen Klassenschulsystems, in dem die Schüler entweder, dem Leistungsdruck folgend, der Leistungsgesellschaft eingepaßt werden oder, den erwarteten Leistungsstandard aus vielerlei psychologischen Gründen nicht erreichend, in die wachsende Menge der ›Sozialpsychopathen‹ geraten, wie ein neugeschaffenes Wort in Schweden all jene auf einen Begriff bringt, die den Anforderungen der Leistungsgesellschaft nicht gerecht zu werden vermögen. Zu verhindern, daß die ›Sozialpsychopathen‹ die Klasse eines aus der Gesellschaft ausgeschlossenen neuen Proletariats bilden, müßte vorrangiges Ziel jeder Sozial- und das heißt Bildungspolitik sein: deren durchschaubarster Bereich ist die Schule; und sie vor allem muß – von der Vorschule bis zur Hochschule – diesem Gesellschaftsziel dienen. Noch aber besteht zwischen dem verbalen Anspruch und der Schulwirklichkeit eine, wie es scheint, unüberbrückbare Kluft.

11. Kritische Selbstverwirklichung

Eine der wesentlichen Erkenntnisse allgemeiner progressiver Didaktik und damit auch ein zentrales Schulziel formulierte Wolfgang Schemme: »Alle schulische Arbeit sollte darauf gerichtet sein, daß der Schüler im Verlaufe seiner Schulzeit die in der Gesellschaft liegenden Voraussetzungen durchschaut, durch die sein im Kern inhumanes Existieren bedingt ist; und daß er im Akt dieses Durchschauens bereits den ersten Schritt eines humanen Existierens getan hat.« Und W. Schulz fordert, der Unterricht habe »der Emanzipation des Menschen von Fremdbestimmung zu dienen«. (Beide Zitate nach J. Beck und L. Schmidt: *Schulreform oder der sogenannte Fortschritt*, Frankfurt/M. (Fischertaschenbuch) 1970).
Beide Forderungen sind idealtypische Ziele; ihre Realisierung, vor allem im gegenwärtigen Schulsystem, rückt nur auf dem Weg über den permanenten Kompromiß schrittweise näher. Der Deutschunterricht und der sprachlich-literarische Kommunikationsprozeß als sein ebenso zentraler wie umfassender Gegenstand haben für diesen Weg grundlegende Bedeutung; mit ihnen die Literatur in einem erweiterten, geöffneten Sinne. Literatur garantiert immer dann nicht nur eine Bereicherung des Wortschatzes und des Ausdrucksvermögens, sondern auch die Entwicklung von Phantasie und Spontaneität und eine Qualifizierung zu Selbstbestimmung und kritischer Selbstverwirklichung, wenn sie nicht nur ästhetisch kanalisiert, normativ formalisiert, kurz: als unbefragter Wert oktroyiert wird. Ohne die Literatur verkäme der Deutschunterricht zum reinen Einübungsunterricht in Funktionssprachen; gerade sie aber sollen vom Schüler später durchschaut werden können, er soll sich ihrer erwehren können; er soll fähig werden, die Sprachen der Ideologien in ihren manipulativen Mechanismen ebenso zu durchschauen und kritisch zu relativieren wie die Sprache der Werbung oder der alltäglichen, vorgegeben objektiven, Informationen. Der Schüler soll in den Stand gesetzt werden, seine Selbstverwirklichung im Ansturm

der zahlreichen manipulativen Zwänge seitens der im weiten Sinne politischen Umwelt, der Ideologien, der Konsumwelt und der Bürokratie als andauerndem Prozeß erhalten zu können; er soll mündig werden.

Kritische Selbstverwirklichung, die sich ja nur in der Sprache ausdrücken kann, ist ohne die Literatur nicht denkbar. Sarkastisch zeichnen Martin Berg und Niels J. Sewig das düstere Bild einer künftigen Schule ohne die Literatur (zitiert nach J. Beck und L. Schmidt, a. a. O.): »Man kann für die Zukunft erwarten, daß in der technokratischen Leistungsschule Literatur gänzlich abgeschafft wird, als überflüssiges und nicht chancengleiches Relikt, als ob alle bürgerliche Literatur nur für eine Elite geschrieben worden wäre und als ob es nur irrationale Literatur gäbe. Unerwünscht die normenzersetzende Sprache unverdaulicher Literatur, unbekannt weiterhin die republikanische Tradition, undenkbar die buchlose, nichtgeschriebene Literatur, Straßentheater in allen Städten, Sprachspiele, die den kulturträchtigen Schuljargon politisch verändern könnten. – Dem Individuum seine Bedürfnisse vermitteln, bis seine Identität kollektivierbar wird: das hat die klassische bürgerliche Dichtung nicht geleistet – darum weg damit! – und andere Literatur gibt es nicht: das Kind mit dem Bade ausschütten. Übrig für die Schule der siebziger Jahre werden literarische Hülsen bleiben, verschulte Literatur (Willi Tell und Heini Faust), Lesebuchgattungen und Stilmuster, die eine Nutzanwendung haben.«

Die Kritik an Lesebuch und Deutschunterricht, die sich auf die Erkenntnis beruft, daß der Deutschunterricht ein gesellschaftsbezogenes und relevantes Fach sei, impliziert aber nicht die Absage an die Literatur, sondern verlangt nach einer anderen Arbeit mit der Literatur, weil sie es ablehnt, Literatur als einen oktroyierbaren Wissensstoff oder gar einen brauchbaren Träger und verschwiegenen Vermittler ihr immanenter Ideologien zu benutzen. Diese Kritik plädiert für den Abbau des rein rezeptiven Lernens und für eine Förderung von Aktivität und Produktivität in der Arbeit mit der Literatur; sie plädiert nachdrücklich *für* die Literatur. Aber sie stellt fest, daß bislang, um mit Günther Ott zu sprechen (Jürgen Kreft/Günther

Ott: *Lesebuch und Fachcurriculum*, Düsseldorf 1971) »wichtige gesellschaftliche Möglichkeiten von Literatur, und zwar gerade von fiktionaler, unterschlagen werden: Literatur als konstruktive gesellschaftliche Utopie, als ›Simulationstechnik‹ möglicher Bewußtseinsinhalte, als Fortschreibung bestehenden gesellschaftlichen Bewußtseins in seine möglichen Folgerungen, als simulierte Wiederherstellung von im historisch-gesellschaftlichen Prozeß nicht aktualisierten Möglichkeiten.«

Der Literaturunterricht muß aber, um dies zu leisten, seine eigenen ungenannten Prämissen reflektieren und ausführen, und das bedeutet für die Praxis, daß er auch die Prämissen der behandelten Literatur auffalten und bedenken muß. Wo literarische Werte fest und scheinbar voraussetzungslos gesetzt werden, entzieht sich die Literatur der kritischen Behandlung, da wird jede fundierte, weil reflektierte Bewertung unmöglich.

Dieser Mangel müßte bereits auf der Grundschule beseitigt werden, indem

1. nicht nur die Lesetechnik, sondern vor allem auch der sprachlich-literarische Kommunikationsprozeß selbst geübt und in Gang gesetzt wird; und

2. dies nicht anhand von normierten, harmonisierten und kindgemäß zurechtgestutzten Texten geschieht, sondern auf der Grundlage öffentlicher, d. h. zum allgemeinen Gebrauch bestimmter Literatur.

Es gibt z. B. inzwischen eine ganze Reihe von Autoren, die – oft aus ihrer erzieherischen Erfahrung heraus – Kinder- und Jugendliteratur schreiben, mit der man arbeiten könnte: Peter Bichsel, Jörg Steiner, Peter Hacks, Wolfdietrich Schnurre etwa sind da zu nennen. Vor allem auch die sogenannte konkrete Poesie Ernst Jandls bietet in ihrer leicht nachvollziehbaren, auf Innovationseffekte angelegten Laut- und Sprachstruktur methodische Einstiege, die die Phantasie und spontane Assoziationsfähigkeit der jungen Schüler anregen und zur eigenen Produktion führen. Gerade die scheinbare Sinnlosigkeit der konkreten Texte, die ihren erzieherischen Sinn darin haben, daß sie vordergründige Normen zersprengen und zur gedanklichen Mobilität anregen, machten ihre Verwendung in der Grundschule sinnvoll. Das klingt paradox nur in den Ohren jener, die im Deutschunterricht den Ort normativer und normierender Wissens- und Bildungsvermittlung sehen, wo doch Bildung nicht übertragen, sondern induktiv entwickelt werden soll: nicht als statische, sondern als mobile und später analog verwendbare Größe, nicht als ahistorische Setzung, sondern als historische – und damit dynamische, in steter Lernbereitschaft sich haltende – Erfahrung. Der sprachlich-literarische Kommunikationsprozeß selbst sei Gegenstand des literarischen Unterrichts, hat Günther Ott gefordert und in Kenntnis der Tatsache, daß Literatur nicht objektiv sein könne, gefolgert (a. a. O.): »Gegenstand des literarischen Unterrichts kann nicht sein eine als objektiv gedachte außersprachliche Wirklichkeit in ihren sprachlichen Spiegelungen..., Gegenstand kann nicht sein das ›Verstehen‹ einer Reihe von a priori als wertvoll betrachteten literarischen ›Werken‹. Gegenstand kann nicht sein die Einführung in ein System vorgegebener Strukturen einer Gattungspoetik. Alle drei Möglichkeiten entziehen einen wesentlichen Teil ihres Tuns der Kritik, die erste das Wesen der gespiegelten Wirklichkeit, die zweite die Kriterien der jeweiligen Wertung, die dritte ihr Beschreibungssystem.«

Alle von Ott erwähnten Gegenstände also stellen Gegenstände normativer Wissensvermittlung dar, die kritische Versatzstücke zum weiteren Gebrauch bereitstellen, ohne sie selbst auf ihre Gültigkeit hin zu überprüfen – induktives Arbeiten wird unmöglich. Es wird möglich nur am detaillierten Text, der syntaktisch verständlich, wörtermäßig erfaßbar und nur in der Konstellation ungewöhnlich, aber eruierbar, d. h. erfahrbar ist. Wo die *Grundschule* etwa mit Modellen der konkreten Poesie speziell Ernst Jandls arbeiten könnte, käme für die *mittlere Schulstufe* etwa eine Kategorie von Texten in Frage, die bereits sprachkritisches Reflektieren in komplizierterer Umsetzung demonstrieren, als sie die Konkrete Poesie bietet. Ein gutes Beispiel dafür ist Helmut Heißenbüttels Text »Politische Grammatik«, dessen erster von drei Teilen so lautet: »Verfolger verfolgen die Verfolgten. Verfolgte aber werden Verfolger. Und weil Verfolgte Verfolger werden, werden aus Verfolgten verfolgende Verfolgte und aus Verfolgern verfolgte Verfolger. Aus verfolgten Verfolgern aber werden wiederum Verfolger (verfolgende verfolgte Verfolger). Und aus verfolgenden Verfolgten werden wiederum Verfolgte (verfolgte verfolgende Verfolgte). Machen Verfolger Verfolgte. Machen verfolgende Verfolgte verfolgte Verfolger. Machen verfolgende verfolgte Verfolger verfolgte verfolgende Verfolgte. Und so ad infinitum.«

Vom Text ausgehend wäre induktiv analytisch hinzuarbeiten auf die Sinngebung seines Titels »Politische Grammatik«; ein Thema wird gestellt: »Verfolger verfolgen die Verfolgten« – hinzu kommt sein Gegensatz: »Verfolgte aber werden Verfolger«, eine Weiterung, die gleichzeitig einen Systemkreis schließt. Innerhalb dieses Systemkreises nun nimmt, sprachlich realisiert und geradezu sinnbildlich, die Motorik der Verfolgung zu, immer komplizierter und immer raffinierter werdend, das aufzudeckende Raffinement der Syntax spiegelt als sprachliches Modell ein politisches Modell – deshalb »Politische Grammatik«. Die Sinnlosigkeit des Kreisens demonstriert die Sinnlosigkeit nur scheinbarer Mobilität und tatsächlicher Entwicklungslosigkeit: »Und so ad infinitum«.

Texte dieser Art entziehen sich qua Textkonstitution jenen Kategorien, nach denen der normative Deutschunterricht üblicherweise verfährt und die Günther Ott im vorhin genannten Zitat als abzulehnende qualifiziert hat: aber sie spiegeln Wirklichkeit und gewinnen ihren Wert aus der demonstrierten Aufschlüsselung ihrer Verfahrensweise, die auch für die Schüler erkennbar und ableitbar ist. Da werden keine Werte oktroyiert, da wird Literatur nicht formalisiert übertragen – sondern die offensichtliche Formalisierung ist durchsichtig und wird in der Interpretation auf ihren politischen Modellcharakter zurückgeführt; die abschließende, rundende Formalisierung also wird aufgebrochen und zur Rede gestellt, weil sie das für ihr richtiges Verständnis selbst verlangt. Dabei wird Ethik nicht ausgeschlossen, sondern erkennbar gemacht als funktionale Verhaltensnorm, die aber, und dies ist das Entscheidende, durchschaubar wird.

Auf andere Weise, quasi aus dem negativen Abbild der Sprache heraus, macht ein anderer, erkennbar synthetischer Text induktives sprachkritisches Analysieren fruchtbar, eine von Christian Schütze satirisch zusammengesetzte Rede, die Theodor W. Adorno in seinem Buch *Jargon der Eigentlichkeit* zitiert und die so beginnt: »Hochverehrter Herr Präsident, meine Herren Minister, Staatssekretäre, Bürgermeister, Referenten, Dezernenten und Assistenten, hochgeschätzte Männer und Frauen unseres Kulturlebens, Vertreter der Wissenschaft, der Wirtschaft und des selbständigen Mittelstandes, geehrte Festversammlung, meine Damen und Herren! – Wenn wir uns heute hier zusammengefunden haben, um miteinander diesen Tag zu begehen, so geschieht das nicht von ungefähr. Denn gerade in einer Zeit wie der unseren, da die echten menschlichen Werte mehr denn je unser ernstes, tiefinnerstes Anliegen sein müssen, wird von uns eine Aussage erwartet. Ich möchte Ihnen keine Patentlösung vortragen, sondern lediglich eine Reihe von heißen Eisen zur Diskussion stellen, die nun einmal im Raum stehen. Was wir brauchen, sind ja nicht fertige Meinungen, die uns doch nicht unter die Haut gehen, sondern was wir brauchen, ist vielmehr das echte Gespräch, das uns in unserer Menschlichkeit aufrührt. Es ist das Wissen um die Macht der Begegnung bei der Gestaltung des zwischenmenschlichen Bereichs, das uns hier zusammengeführt hat. In diesem zwischenmenschlichen Bereich sind die Dinge angesiedelt, die zählen. Ich brauche Ihnen nicht zu sagen, was ich damit meine. Sie alle, die Sie im besonderen und hervorragenden Sinne mit Menschen zu tun haben, werden mich verstehen...«

Die Rede ist noch dreimal so lang, dieser Auszug mag genügen, um zu zeigen, daß hier, im Gegensatz zu Heißenbüttels Text, nicht sprachliche Konkretion, sondern die inhaltliche Leere verschleiernde Diffusion mittels sprachlicher Leerformeln betrieben wird. Gerade im Zusammenhang mit Heißenbüttels sprachlich exaktem Text wäre dieser sprachlich ungenaue, das Nichts pauschalierende Text sinnvoll als gegensätzliches Modell zu erarbeiten. Dazu Adorno kommentierend: »Während man nicht erfährt, was der Festredner bezweckt, bringt der Jargon es an den Tag. Das Anliegen ist Betriebsklima. Die Apostrophierung der Hörer als solcher, ›die im besonderen und hervorragenden Sinne mit Menschen zu tun haben‹, läßt durchblicken, daß es um jene Art Menschenführung geht, der die Menschen Vorwand sind für die Führung.«

Dieser Redegestus – als sprachliche Form und als literarischer Ausdruck: beispielhaft – will Selbstverwirklichung verhindern, während der Sprachgestus des Heißenbütteltextes durch die sprachliche Demonstration des immer schneller kreisenden Verfolgungswahns diese Selbstverwirklichung in Gang setzen möchte: er demonstriert nicht nur modellhaft, sondern hat, wie das Innovationsprinzip der Poesie Ernst Jandls auf anderer Ebene, durchaus pädagogisch-kritische Absichten. (Im Zusammenhang mit den beiden letztgenannten Texten wäre auch als Großtext für eine längere Unterrichtseinheit Peter Handkes sprachkritisches Modell *Kaspar* zu behandeln.)

Als letzter Text, der in diese Konsequenz sprachkritisch bewußter Literatur gehört, sei der von Michael Scharang erwähnt und auszugsweise zitiert: »*Ein / Verantwortlicher / entläßt einen / Unverantwortlichen* und hält aus diesem Anlaß eine Rede / die hier / rekonstruiert und konstruiert und reproduziert und / produziert wird um / den Zorn aller die ihre Verantwortlichen satt haben / zu schüren.« Scharang nennt im Untertitel Verfahrensweise und kritische Absicht. Im Folgenden konstruiert er auf durchschaubare Weise eine redundante Argumentation, die, ähnlich wie die bei Adorno zitierte Festrede, die verschiedenen Weisen der Abhängigkeit und der Machtausübung im Redegestus sichtbar macht: »Jetzt kommen Sie zu mir. / Jetzt sagen Sie es mir. / Jetzt ist es zu spät. // Warum kamen Sie nicht früher zu mir? / Warum sagten Sie es mir nicht früher? / Früher wäre es nicht zu spät gewesen. // Jetzt wissen es alle. / Jetzt kann man es nicht mehr unter uns regeln. / Jetzt geht die Sache ihren Gang. // Warum mußten Sie es ausplaudern? / Warum mußten Sie sich damit brüsten? / Warum um alles in der Welt? // . . .« Und gegen Ende der dingfest gemachten Suada heißt es unter anderem: »Haben Sie jemals gelernt der Notwendigkeit zu gehorchen? / Haben Sie jemals gelernt der Vernunft zu gehorchen? / Haben Sie jemals gelernt Verantwortung zu tragen? // Da haben wirs. / Da haben wirs. / Da haben wirs. // ... Was Ihnen fehlt ist jemand der Sie führt. / Was Ihnen fehlt ist der Kontakt zur Leitung des Betriebs. / Was Ihnen fehlt ist das Gefühl für Zusammengehörigkeit. // ...«

Mit Texten dieser Art läßt sich der geforderte sprachlich-literarische Kommunikationsprozeß operationalisieren. Sprachhaltung und Sprachgestus als Symptome des Denkens, das voraufgeht und getroffen werden soll, sind erkennbar angelegt; die Formalisierung – eine Bedingung jeder Literatur – ist offen realisiert, nicht hermetisch abgeschlossen. Daran lassen sich auch literarische Erfahrungswerte gewinnen, die der Analyse und Beurteilung komplizierterer, weniger durchschaubarer Texte zugute kommen und auf sie verwendet werden können. In diesem Sinne sind die modellhaften Texte der modernen Literatur – man denke nur an Kafkas Parabel »Vor dem Gesetz«, die eine ähnliche Operationalisierung erfordert – exemplarisch und liefern die Grundlage für wiederum modellhaftes, später analog übertragbares induktives Analysieren. Die so erlernte Analyse läßt sich durchaus auch gegen die Texte selbst wenden – aber die Arbeit mit ihnen schafft erst einmal die Befähigung, Texte kritisch zu werten und zu relativieren, weil an ihnen erlernt wurde, formalisierte Sprache als eine Bedingung von Literatur zu erkennen und in ihrer jeweiligen Abhängigkeit von einer Absicht zu durchschauen.

Literatur ist ja nicht objektiv. Von diesem Leitsatz ausgehend läßt sich, um die kritische Selbstverwirklichung als Schulziel und darüber hinaus als Lebensziel einer ständigen Lernbereitschaft erfahrbar und realisierbar zu machen, in zwei Richtungen didaktisch argumentieren:

Erstens bedeutet dieser Satz, daß alles, was als Literatur im weitesten Sinne vorliegt, von Absichten, normativen oder imaginativen, bewirkt und also auf diese Absichten hin zu relativieren ist, darüberhinaus unsichtbar ideologischen und historischen Kontext mit sich trägt, der ebenfalls zu materialisieren ist. Also bedeutet dieser Satz, daß Literatur nicht endgültig als feststehender Wert unbefragt zu akzeptieren ist, sondern seine Wertigkeit erst analytisch bestimmt werden muß. Der Wert von Literatur liegt in der Beschäftigung mit ihr entsprechend der hier angedeuteten kritischen Methode: Geist zur Mobilität zu wecken, nicht normativ zu prägen ist Ziel der Literatur und sollte also auch Ziel des Deutschunterrichts sein.

Zweitens enthält dieser Satz die Erkenntnis, daß nichts so entschieden wie die Literatur, eben weil sie nicht objektiv ist, bereits in früher Lektüre und späterer kritischer Analyse Imagination freisetzt und Imaginavität bewirkt und Spontaneität, Phantasie und Assoziationsfähigkeit, diese wesentlichen Motoren der Sprachbildung, anregt und fortentwickelt.

Zielt die erste Erkenntnis auf die Schärfung des analytischen, des kritischen Geistes, so verweist die zweite Erkenntnis auf die unabdingbare Rolle der Literatur als Erfahrung und Anregung für den sich frei entscheidenden, spontan handelnden, sich selbst bestimmenden Geist. Beide zusammen, so fern auch ihre volle Realisierung sein mag, machen kritische Selbstverwirklichung möglich. Das Plädoyer für die kritische Selbstverwirklichung ist immer ein Plädoyer für die Literatur.

12. Deutschunterricht als Gesellschaftsunterricht?

Eine Kritik der deutschen Lesebücher der 70er Jahre kann immer nur auf der Grundlage einer Auseinandersetzung mit dem Deutschunterricht dieser Zeit geübt werden. Das hat diese Untersuchung über weite Strecken hin bewiesen, und oft war auch dies nicht zu leisten ohne den Blick auf die vorhandenen und auf die Prospekte möglicher künftiger Schulsysteme. Denn mehr als ein anderes Fach steht der Deutschunterricht im Widerstreit ideologischer, gesellschaftspolitischer, reaktionärer wie progressiver Meinungen. Zwischen den Dogmatikern der verschiedenen Richtungen eine mögliche, praktikable und dem Demokratiebegriff dieser Gesellschaft entsprechende ›didaktische Wahrheit‹ ausfindig zu machen und zu beschreiben, will angesichts der Krisenhaftigkeit des Gegenstandes nur in Ansätzen gelingen. Die Kritik an der bestehenden Krise mit all ihren Erscheinungsweisen in Unterricht und Unterrichtsmitteln ist leichter als eine konsequente didaktische Projektion, die denn tatsächlich auch aus dieser Krise herausführt. Zu konträr sind die Didaktiker und jene Gremien, die zu entscheiden haben. Und doch darf man es sich auch nicht zu leicht machen und die Ursache der Krise allein im föderativen Bildungssystem suchen. Immerhin ist aber eines richtig: die ideologische Basis, auf der in den verschiedenen Bundesländern an der Beseitigung der Krise gearbeitet wird, weist diametral entgegengesetzte Richtungen auf, die oft parteipolitisch bedingt sind: auch die Vernunft, die aus der Krise herausführen sollte, ist ideologisch anfällig.

Wenn man unter diesen allgemeinen Prämissen und auf der Grundlage der in den vergangenen Sendungen gesammelten Erfahrungen die Frage zu beantworten sucht, ob der Deutschunterricht ein Gesellschaftsunterricht zu sein habe oder nicht und wie denn Deutschunterricht als Gesellschaftsunterricht zu begründen sei, so wird man, was Literaturunterricht und Lesewerke angeht, nicht nur von einer veränderten Gesellschaft her argumentieren können, sondern wird vor allem auch von den Objekten dieses Unterrichts, den Werken der Literatur ausgehen müssen, in denen ja gesellschaftliche Veränderung, ganz allgemein gesprochen, sehr nachdrücklich sichtbar wird.

Der marxistische Leitsatz, daß das Sein das Bewußtsein verändere, wird auch hier nachprüfbar. Die Literatur dieses Jahrhunderts hat weithin reagiert auf die Veränderungen der Gesellschaft: die republikanischen und demokratischen Gesellschaftsordnungen haben die wesentliche Literatur dieser Zeit ganz entschieden geprägt, diese neue Literatur spiegelt eine andere Wirklichkeit als jene Literatur, die noch heute die meisten deutschen Lesebücher füllt. Die Literatur reagierte auf verschiedene Weisen: einmal durch Wirklichkeitsspiegelungen, die nicht mehr einer klassizistischen geschlossenen und abrundenden Ästhetik, sondern einer Ästhetik der Offenheit, ja der Zerrissenheit, auch der Ohnmacht und Resignativität folgten, in der das Fragen wichtiger wurde als das Antworten, der Dialog von entscheidenderer Bedeutung ist als die monistische Botschaft, in der Kritik sich als progressives, weil mobiles und, politisch gesprochen, durchaus revisionistisches Element begriff. Zum anderen reagierte die Literatur auf die veränderte Wirklichkeit mit dem Abbruch der klassischen Gattungstrias Lyrik – Epos – Drama und der Einführung neuer Formen, die der neuen Gesellschaft adäquat sind: der Essay setzte sich in den zwanziger Jahren endgültig durch, die Literatur nach 1945 entdeckte im Zuge der Dokumentarliteratur den Bericht, die Reportage, das Dokumentarspiel, ja selbst das Interview ordnete sich als literarische Form ein – andere Medien wie Funk und Film bzw. Fernsehen schufen neue Möglichkeiten und damit neue ästhetische Formen. Daraus resultierend und es gleichzeitig als Symptom demonstrierend veränderte sich schließlich die Rolle des Schriftstellers, der dem Elfenbeinturm der reinen Imagination und der Dichtung entstieg und sich als bewußter Zeitgenosse in die Gesellschaft hineinbegab, sich gleichsam unter die Leute mischte. Die aktuell wesentliche Literatur nahm durch ihn einen unmittelbaren gesellschaftlichen Kontakt auf, wollte unmittelbar aus der Gesellschaft heraus und ebenso unmittelbar in sie hineinwirken. Der Schriftsteller nahm die Gesellschaft als den Ort seiner Arbeit und seines Wirkens wahr, und sah sich selbst als einen Teil dieser Wirklichkeit, sah seine Abhängigkeit ebenso wie seine Möglichkeiten, die Wirklichkeit dieser Gesellschaft zu verändern oder zumindest zu beeinflussen. Er begriff, daß diese Gesellschaft nur durch ständiges Befragen und Revidieren verhärteter Positionen auf dem Wege der Progression zu halten war – er begriff, daß diese Mobilität der Gesellschaft zu erhalten eine wichtige Aufgabe der Literatur geworden war, weil die Anschauungen vergangener Zeiten ihm die Erkenntnis vermittelt hatte, daß die Gesellschaftsferne der Literatur ein die Gesellschaft konservierendes Element gewesen war und daß nur die gesellschaftliche Utopie und das humane Engagement der Gesellschaft auf Dauer zu guter Entwicklung verhelfen konnten. Der Blick des Schriftstellers auf die Geschichte lehrte ihn, daß er, einer historischen Notwendigkeit folgend, einen Teil seiner literarischen Aufgabe in der Gesellschaft abzuleisten hat.

So zeigt der Gegenstand des Deutschunterrichts, die Literatur, auf dreifache Weise durch *ihre* Veränderung die Veränderung der *Wirklichkeit* an, und sie demonstriert nachdrücklich auch die Richtung, in die sich diese Veränderung bewegt. Es ist nur zu verständlich, daß sich das zunehmende gesellschaftliche Engagement der Literatur auch auf den Unterricht, dessen Gegenstand sie ist, überträgt. Da die Literatur erkennen läßt, daß der Mensch eine andere Einstellung zu seiner Umwelt, zur Wirklichkeit gewonnen hat, müssen sich dementsprechend auch die Unterrichtsziele mit Rücksicht auf diese Wandlung verändern.

Dabei geht es noch nicht einmal darum, daß ein bisher für scheinbar unpolitisch gehaltenes Fach politisert werden soll – im Gegenteil: Deutschunterricht als Gesellschaftsunterricht im hier verstandenen Sinne wehrt sich gegen jede Ideologisierung und politische Festschreibung: aus diesem Verständnis heraus wurden auch die alten didaktischen Grundsätze jener kritisiert, die den Deutschunterricht immer noch als Gesinnungsfach betreiben und überkommene Werte fortpflanzen, die dem gründlichen Zweifel zu unterwerfen sind. Der Begriff des ›Politischen‹, von dem hier die Rede ist, versteht sich sehr viel umfassender und sehr wohl auch in jenem Sinne, daß auch eine apolitische Haltung politisch bedeutsam ist. Aus eben demselben Grunde aber wird auch jene Richtung kritisiert, die Ideologisierung betreibt unter dem Vorwand, progressive Gesinnungen zu vermitteln. Die progressivste Gesinnung, die der Deutschunterricht vermitteln sollte, ist jene, daß jede Gesinnung auf ihre Hintergründe zu befragen, an Fakten zu relativieren ist: Deutschunterricht, der sich als Gesellschaftsunterricht versteht, hat den Schüler das Fragen zu lehren, nicht fertige Antworten zu oktroyieren. Daß diese Praxis im Deutschunterricht der letzten rund 100 Jahre sich nicht hat durchsetzen können – daran hatten auch die deutsche Geschichte und die deutsche Gesellschaft auf vielfältige Weise zu leiden.

So muß der Schüler lernen, Literatur und Wirklichkeit, Sprache und Welt als Relation zu sehen und zu erfahren. Wo er die Abhängigkeit der Literatur von der Wirklichkeit, in der sie entstanden ist, aufgeschlüsselt hat, wird er die Werthaftigkeit von Literatur nicht als Ewigkeits-, sondern als Erfahrungswert erkennen, nicht als mitgeteiltes Wissen, sondern als vollzogene Erkenntnis erfahren. Und dann wird er, wo er die Wirkungsmechanismen der Literatur in der Wirkungsgeschichte zu analysieren lernt, zu unterscheiden lernen und also kritisch zu werten wissen; und was sich dort, im Bereich der Literatur, im ständigen Rekurs auf die sie beeinflussende Wirklichkeit über seinen Verstand auf seine Vernunft auszuwirken beginnt, setzt sich über die Schule auf seine Beurteilung und sein Verhalten innerhalb der Gesellschaft, der organisierten Lebenswirklichkeit, fort.

Deutschunterricht als Gesellschaftsunterricht hat nicht literarische Inhalte und Werte als Wissen und Erfahrungsersatz zu vermitteln, sondern an der Literatur kritische Methoden zu üben, die über ihn hinaus wirksam bleiben. Also hat Deutschunterricht in dem Sinne Gesellschaftsunterricht zu sein, wie sich die Schriftsteller, die Autoren dieser Literatur, als Zeitgenossen und aktive Glieder dieser Gesellschaft verstehen: Deutschunterricht als Gesellschaftsunterricht soll dazu beitragen, daß jene, die an ihm lernend teilgenommen haben, die Gesellschaft ernst nehmen und ihren Demokratiebegriff realisieren und praktizieren.

Der Deutschunterricht folgt mit solchen Zielsetzungen der historischen Konsequenz seiner Verbindung mit der Gesellschaft, allerdings unter ebenso veränderten Vorzeichen, wie sich die Gesellschaft gewandelt hat. Einst im nationalistisch orientierten Bildungsbürgertum das Zentralfach für nationale Erziehung und den Erwerb nationalen Bildungsbesitzes, muß der Deutschunterricht heute dem demokratischen Mandat, das diese Gesellschaft erteilt, gerecht werden, und nicht nur der Deutschunterricht, sondern die gesamte Schule als eine der wichtigsten gesellschaftlichen Institutionen muß ihm entsprechen. Es ist erstaunlich, daß gerade diejenigen, die noch am längsten den Deutschunterricht als das Gesinnungsfach alter Provenienz betrieben, der Konsequenz der gesellschaftlichen Veränderung am wenigsten gefolgt sind, da sich ihnen doch am ehesten die Einsicht von der Abhängigkeit des Deutschunterrichts von der Gesellschaft hätte ergeben müssen. Daß das nicht der Fall war, zeigt einmal mehr, daß sie den Anschluß an die gesellschaftliche Entwicklung verloren haben oder bewußt verzögern. Wie gesagt, die Relation von Literatur und Gesellschaft ist eine der ursächlichen Bedingungen für die Definition des Deutschunterrichts als Gesellschaftsunterricht. Das bedeutet ja nicht, daß im Deutschunterricht erlernt werden soll, was dem Gemeinschaftskundeunterricht, der Sozialkunde oder Arbeitslehre vorbehalten bleibt: Faktenwissen in Sachen Demokratie und Gesellschaft, Arbeit und Beruf. Daß in den vorstehenden Kapiteln speziell auf den Mangel der von diesen Themen beeinflußten Literatur in den gängigen Lesebüchern eingegangen wurde, hatte seinen Grund in der Tatsache, daß gerade die thematisch so bestimmte Literatur einen wesentlichen Teil der zeitgenössischen Literatur ausmacht und in ihr die Relation von Literatur und Gesellschaft am effektivsten, weil am sichtbarsten zu demonstrieren ist. Allgemein aber soll das Plädoyer dieses Buches, das für einen gesellschaftlich relevanten Deutschunterricht eintritt, nicht den deutlich ideologisch bedingten Ersatz der Literatur durch Texte der Funktionssprachen verfechten – im Gegenteil: der an der Literatur kritisch ausgebildete und von der Literatur mit Imagination und Differenzierungsvermögen ausgestattete Schüler soll befähigt sein, Sprache in jeder auf ihn treffenden Gestaltung zu erkennen und auf ihre Hintergründe hin befragend zu erhellen. Grundprinzip der demokratischen Gesellschaftsform ist die Kontrolle auf der einen, Toleranz und Meinungspluralismus auf der anderen Seite. Diesem Gesellschaftsbegriff korrespondiert ein Deutschunterricht, der das Fragen, Differenzieren und als Ergebnis aus beidem das kritische Werten einübt, das jede Indokrination verhindert.

Literarische Erziehung ist immer auch ein Teil gesellschaftlicher Erziehung und bedeutet einen Prozeß fortschreitender Emanzipation, wenn sie sich als Befreiung vom Diktat des reinen Wissens zur Aktivierung der kritischen Vernunft begreift. Daß kritische Vernunft sich aber andererseits auch nur ausbilden kann auf einem Fundament von Wissen und Erfahrungen, sollte als selbstverständlich gelten – beide: Faktenkenntnis und kritisches Denken müssen gleichzeitig, geradezu ineinander verschlungen, das eine das andere bewirkend, entwickelt werden. Das Ergebnis dieser Erziehung ist kritische Haltung, ein Schutz gegen ideologische Anfälligkeit, gegen Verführbarkeit, gegen die Konservierung und Verhärtung von auf Veränderbarkeit angelegten gesellschaftlichen Formen. Kritische Haltung bedeutet die Fähigkeit zur Relativierung des Bestehenden an den besseren Möglichkeiten, meint Revisionismus im Sinne einer dialektischen Entwicklung, eines ständigen Veränderungsprozesses nicht um der reinen Bewegung willen, sondern aus der Einsicht in die permanente Verbesserungswürdigkeit dieser Gesellschaft. Wo der Deutschunterricht, wo die Schule solche kritischen Haltungen anerziehen, erfüllen sie ihre Aufgabe als Gesellschaftsunterricht, wird sie, die Schule, zu einer Institution, die die Idee einer freiheitlichen und demokratischen Gesellschaft adäquat verwaltet.